和・洋・中　野菜がおいしいと
いわれるシェフたちの

野菜料理と野菜づかい 220

秋山能久（六雁）
永田敬一郎（ラ・リューン）
武田健志（リベルテ・ア・ターブル・ド・タケダ）
岩坪 滋（イル・プレージョ）
西岡英俊（レンゲ・エキュリオシティ）

柴田書店

はじめに

どのジャンルの料理においても、野菜は重要な役割をはたす。

味や香りを加えることはもちろん、

季節を表現したり、色や形でインパクトを与えたり。

野菜だけの料理でコースをスタートするのもいいし、

肉や魚のおいしさを引き出す名脇役にもなる。

ちょっと珍しい野菜や新しい品種を使い、

楽しんでいただくのもいいだろう。

本書では、野菜がおいしいと評判の和・洋・中のシェフたちに、

季節の野菜を活かした野菜料理、

および野菜を効果的に使った料理220品をご紹介いただいた。

どんな野菜を選び、どう使うか。

シェフたちのアイデアやテクニックはとても参考になる。

料理の価値を高める野菜づかいのヒントを、

本書から見つけていただければと思う。

季節野菜の煮こごり
(秋山)
レシピ省略

目次

春＋夏

アスパラガス
藁で燻したホタルイカ ホワイトアスパラガス、じゅんさい、
セミドライチェリートマト、ピーテンドリル（岩坪） 10

ホワイトアスパラガスのポワレ
ウドと日向夏のフォンデュ（永田） 12

ホワイトアスパラガスのグラタン（西岡） 13

ホワイトアスパラガスとホタルイカ
緑イチゴのピクルス（武田） 14

ホワイトアスパラガスのアイスクリーム
ホワイトチョコレート（武田） 15

スパイシーなクスクス アスパラガス、ブロッコリー、
長芋、大黒しめじ、アーモンド、ペコリーノ（岩坪） 16

グリーンアスパラガス モッツァレッラのエスプーマと卵黄
（武田） 18

平目のヴァプール グリーンアスパラガス、
岩海苔、新生姜のソース（武田） 19

春キャベツとアスパラ 和牛のタルタル（秋山） 20

グリーンアスパラガスのチャーハン（西岡） 21

タケノコ
筍とフォアグラ（永田） 23

焼き筍 木の芽、酢橘、マテ貝、ホンナ、ヤチアザミ
（岩坪） 24

新筍の油燜筍（西岡） 24

筍の姿煮（秋山） 25

筍とあおり烏賊 木の芽味噌和え（秋山） 25

春の豆
桜海老のテーゴレ、空豆、ペコリーノ（岩坪） 28

グリーンピースと燻製じゃがいものエスプーマ（武田） 28

いろいろな豆類と湯葉のアミューズ
ヨーグルトソース（武田） 29

空豆と雪菜の炒め物（西岡） 32

スナップエンドウのフォンダン（永田） 32

新玉ネギ
新玉ねぎとトリュフのフリット（武田） 33

新玉ねぎのエキス、モリーユ茸、こごみ（永田） 33

春キャベツ
牛肉のロースト 春キャベツ、空豆、
アスペルジュ・ソバージュ（武田） 36

春キャベツのラヴィオリ ベーコンのソース、山椒オイル
（武田） 37

アブラナ科の葉物野菜（春）
菜の花とからすみの和え麺（西岡） 42

アスパラ菜と塩卵の炒め物（西岡） 43

のらぼう菜の豆豉炒め（西岡） 44

アレッタの炒め物 ポーチドエッグ添え（西岡） 45

ルコラと鹿のタルタル（西岡） 46

クレソンのすき焼き仕立て（西岡） 47

山菜・野草
マリネして皮面だけグリルした鰆 ギバサ、ピサンリ、
菜の花、アマランサス、ピーテンドリル（岩坪） 48

熊本産馬肉のカルネ・クルーダ
3種のスパイスと藁の香り カタクリ、クレソン、
山わさび、サワークリーム、ニンニク（岩坪） 49

サフラン香る フィノッキエットのズッペッタ
赤海老、ピスタチオ、ラルド（岩坪） 49

鰹と浜防風 温玉添え（秋山） 52

フカヒレ 花山椒（秋山） 53

セリと大豆ミートの鍋仕立て（西岡） 53

おかひじきと豆腐干絲の和え物（西岡） 53

たらの芽の新筍和え（西岡） 58

山菜ラーメン（西岡） 59

天然山菜と稚鮎のフリット（武田） 60

仔鳩とその内臓のファルス 行者ニンニク、
酒粕のエスプーマ（武田） 61

ウドとさより、梅干し、ホタテムースのフリット
（武田） 62

平目のヴァプール ホタルイカと山菜を添えて（武田） 63

鯛の白子 こしあぶら、葉わさび、花わさび（永田） 64
秋田県白神山地から届いた天然山菜のタヤリン（岩坪） 65
ふきのとうとクルミのチャーハン（西岡） 65
岩手の高原ポークのポワレ ふきのとうとピーナッツバターのペースト（永田） 68
黒毛和牛の炭火焼き 蕗の薹味噌（秋山） 68

イチゴ

ふきのとうのアイスクリームとイチゴ（武田） 69
あおぞら新玉葱とあおぞら苺（岩坪） 69

トマト

露地トマトと卵の炒め物（西岡） 73
フルーツトマトの和え麺（西岡） 73
トマトエキスジュレ（秋山） 76
グリーントマトとブッラータ（武田） 77
トマト（にたきこま）のロースト ビーツのソース（永田） 77
ミニトマトの黒酢炒め（西岡） 80
トマト、アボカド、ミントのサラダ（武田） 80

ナス

愛媛県産伝統野菜、絹かわなすのデクリネゾン（武田） 84
なす（あのみのり）の揚げ出し（西岡） 85
ふわとろ長なすピリ辛炒め（西岡） 85
よだれ茄子（西岡） 85
夏から秋へ（武田） 88
水茄子の浅漬けと鮑の酒蒸し（秋山） 89
水茄子、メロン、白インゲン豆、ムシャーメのピンキエーリ、ケシの実のタルト（岩坪） 89
賀茂茄子の軽い田楽（秋山） 92
吉川なすの網焼き アワビ、オクラペースト（永田） 92

トウガラシの仲間

カポナータとその野菜の炭焼き グリルしたズッキーニのピュレとパネッレ（岩坪） 93
白ピーマンの青椒牛肉絲（西岡） 96
甘唐辛子と豚肉の青椒肉絲（西岡） 97

ウリ科の野菜

白胡瓜と四葉胡瓜、白いかの豆豉炒め（西岡） 100

四葉キュウリのサラダ アジのマリネと生ハム、緑のガスパチョ添え（永田） 101
江戸伝統野菜、半白胡瓜と甘海老（武田） 102
牡蠣の冷製 胡瓜とオイルのパウダー（武田） 103
胡瓜のスパッツェレ フィオッコ・ディ・サウリス、熟成アジアーゴ、ベビーコーン、パープルネル（岩坪） 104
ズッキーニ 赤座海老のビスタ仕立て（西岡） 105
ズッキーニのフリット アオヤギ、ズッキーニのソースとソルベ（永田） 105
和牛のローストビーフとズッキーニ（秋山） 105
ウリ科の野菜とカボスのキタッラ（岩坪） 108
蒸し鮑とその肝 テネルーミ、大豆、抹茶、ボルロッティ（岩坪） 109
干瓢の手巻き（秋山） 109
南瓜のスープ 炙り帆立 キャビア モヤバpop（秋山） 112
南瓜と皮付き豚ばら肉の煮込み（西岡） 112

緑竹

台湾緑竹の台湾バジル炒め（西岡） 113

チシャトウ

ちしゃとうと黒あわびのスープ（西岡） 116

ウイキョウ

真蛸、ウイキョウ、檸檬のマルメラータ、パーネカラザウ（岩坪） 117
ういきょうと砂肝の煮込み（西岡） 117

オクラ

オクラの腐乳炒め（西岡） 120
コチの昆布締め グリルした玉葱のピュレ、赤ワインヴィネガーのジュレ、AOPパウダー、オクラ、茗荷、タイム（岩坪） 121

トウモロコシ

玉蜀黍のピュレ 胡麻豆富 トリュフ（秋山） 124
ベビーコーンとそのヒゲのソテー 秋田県白神山地のじゅんさいのフリッタータ、毛蟹のラグー（岩坪） 125
ヤングコーンと車えび炒め（西岡） 125

枝豆・大豆

枝豆と紅玉のずんだ和え（秋山）　128

山形県産秘伝豆のエスプーマとアイスクリーム
蘇のパウダー（武田）　128

湯葉 大豆 木耳ご飯（秋山）　129

リゾット？？
鮎（焼き、煎餅、ペースト）、クレソン、枝豆（岩坪）　129

レンコン（夏）

新蓮根の甘酢漬け（秋山）　132

蓮根餅 鱧 白木耳のお椀（秋山）　132

ポルチーニ（夏）

イタリア産ポルチーニのヴェルタータとグリーリア
剣先烏賊のスコッタート ローズマリーの香り
（岩坪）　133

夏の葉物野菜

空芯菜のにんにく炒め（西岡）　136

つるむらさきの豆豉炒め（西岡）　137

モロヘイヤとオクラのスープ（西岡）　138

香菜とピスタチオ和え麺（西岡）　139

小さな野菜

葉にんにくのマーボー豆腐（西岡）　141

ジュンサイ

泡立つ蓴菜とデラウエア（秋山）　142

秋田県産じゅんさい、パッションフルーツ、
甘酒のソルベ（武田）　143

チーズスタンドのモッツァレラとそのホエー
秋田県白神山地のじゅんさい、フルーツトマト
（岩坪）　144

果物

青いちじくの揚げ出し（西岡）　145

無花果の酒蒸し 薄葛仕立て（秋山）　145

ベリー類の白和え（秋山）　148

西瓜の白和え（秋山）　149

ゴーヤのフリットとスイカのグリル（永田）　149

桃のフライ レモンジャム（秋山）　152

秋 + 冬

ジャガイモ

シンシアのポテトサラダ（西岡）　155

ホッカイコガネの肉じゃが（西岡）　156

タワラマゼランの炒め物（西岡）　157

インカのめざめと牛肉炒め（西岡）　158

ポルチーニ、ジャガイモ、チェリートマト、秋トリュフ
（岩坪）　159

サツマイモ

さつまいものすべて（永田）　160

オレンジを含ませた薩摩芋のコンフィ ポロ葱、
フィノッキオーナ、クラッカー（岩坪）　161

シルクスイートポテト（西岡）　161

紅はるかと金華ハムのパンケーキ（西岡）　161

カボチャ（秋）

南瓜小豆（秋山）　164

カボチャとフォアグラ 濃厚に軽やかに（岩坪）　165

バターナッツカボチャのスープ
生姜風味のヨーグルト添え（永田）　165

ナス（秋）

ウニとかぼちゃのソルベ
なすの煮浸しとコンソメジュレ（永田）　168

鰆の炭火焼き 焼き茄子のピュレ（秋山）　169

焼き茄子とマスカットの酢の物（秋山）　169

サトイモ

里芋のステーキ あわびの肝のソースで（西岡）　172

里芋とナポレオンフィッシュのとろみスープ（西岡）　172

海老芋 嫁菜 八朔和え（秋山）　173

揚げ海老芋 栗銀杏の旨煮（秋山） 173

ビーツ

サンマと秋なす 赤ワインとビーツのジュレ（武田） 176

ビーツとアオリイカ（武田） 178

ビーツと牛肉のタルタル（武田） 179

キノコ

秋田県白神山地から届いた天然キノコのソテー
パルミジャーノ・レッジャーノのリゾット、
ザバイオーネ（岩坪） 182

王様椎茸のソテー 紫芋のチップ（秋山） 184

アイナメのインパデッラ 王様椎茸、
ウインターパースレイン、チッチョリ、
アサリのエキスのヴィネグレット（岩坪） 185

王様椎茸のパン粉焼き（岩坪） 185

松茸と鱧（武田） 188

耐熱フィルム蒸し 土瓶蒸し風（秋山） 188

マッシュルームとトリュフのアミューズ（武田） 189

エシャロットのロースト、玉ネギのエッセンス、
卵、アルバ産白トリュフ（岩坪） 189

うずみ豆富 黒トリュフ（秋山） 192

キタアカリと玉ネギのプレッセ フォアグラのポワレ、
トリュフソース（永田） 193

セロリラブ 燻製ヨーグルト（武田） 193

果物・栗

フルーツの生春巻き（秋山） 196

柿と紅玉の白和え 林檎最中（秋山） 197

柿のロースト レンコンのピュレとチップス、赤水菜、
紫からし菜、パクチー、ペコリーノ（岩坪） 197

栗のエスプーマ コーヒーの香り（武田） 197

カブ

蕪のショーフロワ（永田） 201

蕪のグラタン 鮎のオランデーズソース（西岡） 202

小蕪のフリット（西岡） 203

赤蕪の南蛮漬け（西岡） 204

聖護院かぶら鍋 甘鯛鱗揚げ 水菜 車海老
柚子 山葵（秋山） 205

香箱蟹と赤蕪 蕪のすり流し（秋山） 206

大根

白首大根の蒸し物 上海蟹のコンソメで（西岡） 208

アスパラガスのみぞれおひたし（秋山） 208

猪のコンソメを含ませてソテーした大根 猪のラグー、
ボルロッティ、アルバ産黒トリュフ（岩坪） 209

サラワのあぶり焼き 大根、大黒ゴボウのフリット、
カカオ風味の大根のフォンダン（永田） 209

3色の大根、ニシンの軽い燻製、
カズノコとキヌアのサラダ（武田） 212

緑芯大根で包んだ足赤海老のタルタル（武田） 213

トルテッリーニ・イン・ブロード・ディ・プロシュート
リコッタ、パルミジャーノ、いぶりがっこ、大根、
すべりひゆ（岩坪） 213

紫大根のステーキ 辛みソース（西岡） 216

紅芯大根とくらげの和え物（西岡） 216

聖護院大根と九条葱の小鍋（秋山） 216

ユリ根

白菜と百合根 海苔のテーゴレ（岩坪） 217

百合根と地鶏の炭火焼き 九条葱を添えて（秋山） 217

ヤマノイモ

車海老のスコッタート 大和芋、紅玉、銀杏、
バジリコオイル（岩坪） 220

山いものベニエ（永田） 221

桜の葉で包んだ山の芋のゼッポレ 雉の5種調理
（岩坪） 221

レンコン（秋〜冬）

蓮根小豆（秋山） 224

蓮根焼売 グリーンピース（秋山） 224

ゴボウ

牛蒡のローストとスパッツェレ 穴子のラグー、
焦がし葱油、リクイリッツィア（岩坪） 225

ごぼうとまだか鮑のスープ（西岡） 228

堀川牛蒡と黒毛和牛のローストビーフ（秋山） 228

ニンジン

色人参のラペサンドイッチ（西岡） 229

鰤人参 カラフル人参のなます（秋山） 232

にんじんのエッセンス（永田） 232

よだれ人参（西岡） 232

人参葉ご飯（秋山） 233

フォアグラのブルッチャート、
紅茶の香る人参のピュレ、
ベルガモットの雪（岩坪） 233

冬野菜（岩坪） 236

ブロッコリー

白子のポワレとブロッコリーのスムールと
ムース（永田） 237

ブロッコリーのチリソース（西岡） 240

スティックセニョールの腐乳炒め（西岡） 241

カリフラワー

カリフラワーと白トリュフ ミモレットで（西岡） 242

カリフローレと小蕪の白味噌仕立て（秋山） 243

キャベツの仲間と白菜

早どり甘藍とドライトマトの軽い煮込み
（西岡） 246

キャベツのお好み焼き風（西岡） 247

チリメンキャベツの春巻き（西岡） 248

黒キャベツの豆豉炒め（西岡） 248

3色のプチベールの温サラダ（西岡） 248

ケールと牛筋のポトフ（西岡） 249

リボリータ（岩坪） 249

白菜と河豚白子の炭火焼き（秋山） 252

大豆ミートの獅子頭（西岡） 252

ポーチドエッグ、リ・ド・ヴォー、ルタバカ、
雲仙こぶ高菜、葱、ケッパー（岩坪） 252

レタス・チコリの仲間

シーザーサラダ（西岡） 256

冬の葉物のグリーンサラダ（西岡） 256

くぬぎ鱒のインパデッラ
アンディーヴのブラサートとそのスーゴ、
秋トリュフ（岩坪） 257

チコリとトレヴィスの温サラダ（西岡） 257

カルドンのフリット（西岡） 257

その他の葉物野菜

茨城産乳飲み仔鳩 サルミ仕立て
法蓮草のピュレと素焼き、干し柿（岩坪） 260

ホウレン草のサラダ トリュフ風味（永田） 260

小松菜と腐乳の炒め物（西岡） 261

セロリと牛肉の炒め物（西岡） 261

菊花と朝摘み野菜のおひたし（秋山） 261

壬生菜と豚肉の乳酸発酵鍋（西岡） 264

葉ニンニクの回鍋肉（西岡） 265

黄にらと豆腐チーズの炒め物（西岡） 266

金柑と鴨肉 葉わさびと花わさび（秋山） 267

ネギ

車麩と葱のすき焼き風（西岡） 269

下仁田葱、シャインマスカット、
ピオトジーニの生ハム（岩坪） 270

下仁田葱のステーキ 鶏のたれで（西岡） 271

一本ネギとしめさばのタルトレット（永田） 272

鮪赤身と分葱のぬた和え（秋山） 272

九条ネギの一口アミューズ（武田） 273

九条ネギをシンプルに 鮎チョビ、トリュフ、
アーモンドの香り（武田） 273

ハチノスとボワローの煮込み（西岡） 276

野菜別料理索引 277

撮影　海老原俊之
デザイン　中村善郎（yen）
編集　長澤麻美

・レシピ中の大さじ1は15cc、小さじ1は5cc。
・E.V. オリーブ油はエクストラ・バージン・オリーブ油の略である。
・レシピ中、材料を「エスプーマ用サイフォンに入れる」とあるのは、材料を入れた後にガスを注入する作業までをいう。
・レシピ中の「スュエする」とは、素材のもつ水分を染み出させるように、弱火で蒸し炒めにすることである。
・レシピ中の「00粉（ゼロゼロ粉）」とは、イタリアの小麦粉のうち、もっとも挽き目が細かいタイプのもの。

春＋夏

春は独特の香りや苦みをもつ山菜類や、
春キャベツ、新玉ネギ、青い豆類などが、
季節の到来を告げる。
夏はナスやトウモロコシ、キュウリや
カボチャなどの色鮮やかな野菜たちが
旬をむかえ、料理に色彩を添える。

アスパラガス

地中海東部が原産とされる多年草で、新芽の茎を食用とする。色が白、緑、紫色のものがある。栽培地域や栽培法の違いなどによりほぼ通年店頭に並ぶが、本来の旬は春から初夏にかけてである。

藁で燻したホタルイカ ホワイトアスパラガス、じゅんさい、セミドライチェリートマト、ピーテンドリル

春らしい素材を組み合わせ、海の中の情景をイメージして盛り付けた。ホワイトアスパラガスは卵やマヨネーズと合わせるのが定番だが、他の仕立て方はないかと考えたもの。トマトウォーターで旨みを加えつつ、アスパラガス自体の味も活かしている。(岩坪)

材料(4人分)
ホワイトアスパラガス 4本(1本70g)
チェリートマト 16個
ホタルイカ(富山湾産。ゆでたもの) 16パイ
A(じゅんさいのソース)
　じゅんさい(秋田県白神山地麓産) 200g
　アンチョビー 4g
　E.V.オリーブ油 50g
　塩 適量
　瀬戸内コラトゥーラ(魚醤) 適量
じゅんさいのピクルス
　じゅんさい 200g
　B
　　白ワインヴィネガー 190g
　　白ワイン 60g
　　ニンニク 1片
　　白粒コショウ 10粒
　　コリアンダーシード 10粒
　　赤トウガラシ 1本
　　ローリエ 1枚
C(トマトウォーター)
　トマト 10個
　塩 トマトの重量の1%
D
　水 100g
　いしる 10g
　大豆レシチン 3g
ピーテンドリル 12本
塩、オリーブ油、E.V.オリーブ油 各適量
◎稲藁

1 じゅんさいのソース：Aのじゅんさいをさっと塩ゆでし、氷水にとり、ザルにあける。残りのAの材料とともにミキサーにかけ、塩、瀬戸内コラトゥーラで味を調える。

2 じゅんさいのピクルス：Bの材料をすべて鍋に入れて火にかける。沸騰したら火からおろし、そのままよく冷やす。シノワで漉し、生のじゅんさいとともに真空用袋に入れて真空にする。冷蔵庫で3日間ねかせる。

3 Cのトマトのヘタをとり、ミキサーに入れてよく回す。塩を加える。

4 キッチンポットにザルをのせ、さらしを敷いて3を流し、上にボウルをのせて軽く重石をのせ、そのまま4〜5時間おいてトマトウォーターを抽出する。

5 ホワイトアスパラガスは皮をピーラーでむき、4のトマトウォーターで5分ほどゆでる。そのまま冷ましておく。

6 チェリートマトは横半分に切り、オーブンシートに並べてごく軽く塩をふり、65℃のフードドライヤーで10時間乾燥させ、セミドライチェリートマトを作る。

7 Dの水を沸かし、いしる、大豆レシチンと合わせてハンドブレンダーで攪拌する。エアーポンプで泡を作る。

8 ホタルイカは軟骨と目をとり除く。キッチンポットに稲藁を敷き詰め、底を抜いた缶をおき、網をのせてホタルイカを並べる。ガスバーナーで藁に火をつけ、すぐに蓋をして10分燻す。

9 ピーテンドリルをオリーブ油でソテーする。

10 盛り付ける。皿に1のじゅんさいのソースを流し、1人分につき5のアスパラガス1本を中央におき、8のホタルイカを4ハイ、6のセミドライトマトを4カット、2のじゅんさいを4つ、9を3本添える。E.V.オリーブ油をかけ、7の泡をのせる。

ピーテンドリル
スナップエンドウの、いちばん先端の新芽の部分。豆の味がする。

ホワイトアスパラガスのポワレ ウドと日向夏のフォンデュ

ホワイトアスパラガスは、焼くと香ばしくておいしい。
合わせたのは定番のオランデーズソースではなく、酸味のある日向夏のフォンデュ。(永田)

材料(1人分)
ホワイトアスパラガス　2本
ウド(軟白ウド)　適量
無塩バター　大さじ2
塩　適量
レモン果汁　適量
日向夏のフォンデュ(作りやすい量)
　日向夏の果汁　3個分
　日向夏のゼスト(外皮)　1個分
　新ジャガイモ(ゆでたもの)　ピンポン玉大2個
　オリーブ油　50cc
　塩、砂糖　各適量

1　ホワイトアスパラガスは皮をむく。フライパンにバターを入れ、アスパラガスを入れて弱火でじっくり焼く。ときどき転がしながら15分ほどかけて焼いたら、最後に塩をする。

2　ウドは皮をむき、小角に切り、レモン果汁を加えた水に浸けておく(色止めと、軽く酸味をつけるため)。

3　日向夏のフォンデュ：日向夏は3個分の果汁を絞り、1個分のゼストをさっとゆでておく。果汁をキャセロールに入れて温め、ゼストを入れ、ゆでた新ジャガイモをスライスして加える。これをミキサーにかけ、オリーブ油を加え、塩と砂糖で味を調える。

4　器に1を盛り、2をのせ、3と塩を添える。

ホワイトアスパラガスのグラタン

ハマグリの旨みを加えたオランデーズソースを加えてグラタンに。
焼き上がりに花椒の香りを添えている。（西岡）

材料（作りやすい量）
ホワイトアスパラガス（フランス産）　5本
A
：昆布　5cm角
：金華ハム（みじん切り）　大さじ1
：酢　大さじ1/2
ハマグリのオランデーズソース（＊）　大さじ1½
花椒粉（粉末の中国山椒）　少量

1　ホワイトアスパラガスはピーラーで皮をむく。
2　1のアスパラガスを、むいた皮とともに鍋に入れ、水をひたひたに加え、Aを入れて火にかけ、沸騰してから10〜15分ほどゆでる。
3　2の水気を切って食べやすい長さに切り分け、ハマグリのオランデーズソースをかけ、バーナーであぶって醤油の香りを出す。器に盛り、花椒粉をかける。

＊ハマグリのオランデーズソース

材料（作りやすい量）
ハマグリ　100g
B
：卵黄　2個
：シェリーヴィネガー　10g
：鮎醤油（アユの魚醤）　7g
：綿実油（サラダ油）　200cc

1　ハマグリは殻から身をむき出し、出た汁とともに真空用袋に入れて真空にし、38.5℃で45分加熱する。身と液体に分けておく（液体は別の料理に使用する）。
2　Bを合わせてハンドブレンダーで撹拌し、マヨネーズ状になったら1のハマグリの身を加えて更に撹拌する。

ホワイトアスパラガスとホタルイカ 緑イチゴのピクルス

鮮度がいいアスパラガスは、生で食べてもおいしい。
ここでは更に穂先の部分を牛乳煮にし、皮はパウダーにして使用している。(武田)

材料(1人分)
ホワイトアスパラガス(太いもの)　2本
牛乳　適量
だしのジュレシート(作りやすい量)
　かつおだし　100cc
　アガー　10g
緑イチゴのピクルス　※1人分1個使用。
　緑イチゴ(赤く色づく前のイチゴ)　適量
　ブドウのヴィネガー(国産)　適量
ホタルイカのオイルコンフィ　※1人分3バイ使用。
　ホタルイカ(ゆでて掃除したもの)　適量
　香味オイル(オリーブ油にバジルの茎、タイム、
　　タカノツメ、ニンニクなどを入れ、80℃ほどで
　　熱して香りを出したもの)　適量
カラスミのソース(作りやすい量)
　生カラスミ(市販)　100g
　レモン果汁　大さじ1
　エストラゴン(みじん切り)　少量
　生クリーム　30cc
　オリーブ油　20cc
　ケッパー(みじん切り)　小さじ1
　エシャロット(みじん切り)　大さじ2
　※すべてを混ぜ合わせる。
アスパラガスのパウダー(*)　適量

*アスパラガスのパウダー：むいたホワイトアスパラガスの皮を食品乾燥機で乾燥させてからオーブンで焼き、ミルサーでパウダーにする。

1　だしのジュレシート：だしを鍋に入れて熱し、アガーを加えながら泡立て器でよく混ぜる。バットに薄く流しておく。
2　緑イチゴのピクルス：まだ熟していない緑のイチゴをブドウのヴィネガーに浸けておく。
3　ホタルイカのオイルコンフィ：香味オイルにホタルイカを入れて真空パックにし、スチームコンベクションオーブンのスチームモード85〜90℃で10〜15分加熱する。
4　ホワイトアスパラガスは皮をむき、穂先の部分を切りとる。穂先は、水2：牛乳1で合わせた中で少し硬めにゆでる。穂先より下の部分は生のまま5cm長さに切り、縦に2mm厚さに切る。
5　皿にのせたセルクル型に、4のアスパラガスの穂先と3のホタルイカのオイルコンフィを詰める。
6　5のセルクル型をはずし、上からカラスミのソースをかけ、セルクル型で丸く抜いた1のだしのジュレシートをのせる。上に4のアスパラガスのスライスを、少しずつずらしながら隙間なく重ね、アスパラガスのパウダーをふる。2の緑イチゴのピクルスを添える。

ホワイトアスパラガスのアイスクリーム ホワイトチョコレート

アスパラガス自体の味を活かし、甘みも控えめに。デザートにもアミューズにも使える。(武田)

材料
ホワイトアスパラガスのアイスクリーム(作りやすい量)
⋮ アングレーズソース(p.86参照)　200g
⋮ ホワイトアスパラガスのピュレ(*)　200g
ホワイトチョコレート　適量
マルトセック　適量
ホワイトアスパラガスのピュレ(*)　適量
ホワイトアスパラガスの穂先
　(縦に薄くスライスしたもの)　1枚(1人分)

*ホワイトアスパラガスのピュレ:ホワイトアスパラガスの切れ端などを集めて鍋に入れ、牛乳、生クリーム、バターを加えて濃度を見ながら軽く煮含める。ミキサーにかけた後裏漉し、濃度を調節する。

1　ホワイトアスパラガスのアイスクリーム:アングレーズソースに同量のホワイトアスパラガスのピュレを加え、パコジェットのビーカーに入れて冷凍しておく。使用するときにパコジェットにかける。
2　溶かしたホワイトチョコレートをボウルに入れ、マルトセックを加えながら泡立て器でかき混ぜ、粗い粒状にして、1日乾かしておく。
3　器にセルクル型をおいて2を詰め、その上に1のアイスクリームを抜いて盛り付ける。セルクル型をはずし、アイスクリームの上にホワイトアスパラガスのピュレをかけ、ホワイトアスパラガスの穂先のスライスをのせる。

ホワイトアスパラガス

土寄せして軟白栽培したもの。ヨーロッパでは春から初夏にかけて、季節を表す味覚として親しまれている。日本でもフランス産やイタリア産などが多く使われているが、国内でも北海道や佐賀県、長野県他でも栽培がされている。ゆでる際は、むいた皮と一緒にゆでると風味がよくなるとされている。また、焼いたり炒めたりしてもおいしい。

スパイシーなクスクス アスパラガス、ブロッコリー、長芋、大黒しめじ、アーモンド、ペコリーノ

プリモピアットの一品。野菜とクスクスを一緒に食べていただけるよう、下にアスパラガスとブロッコリーのピュレを敷いている。（岩坪）

材料（2人分）

アスパラガスとブロッコリーのピュレ
- グリーンアスパラガス　2本
- ブロッコリー（小房に分ける）　1/2個分
- 玉ネギのフォンドゥータ（＊）　30g
- E.V.オリーブ油　適量
- 塩、重曹　各適量

グリーンアスパラガス　5本
ブロッコリー（小房に分ける）　1個分
長イモ　1/10本
大黒シメジ　1個
アーモンド（スライス）　適量
ニンニクオイル（＊＊）　適量
塩、重曹　各適量
クスクス　50g
A
- 塩、ガラムマサラ、シナモン、黒コショウ、E.V.オリーブ油、ニンニクオイル（＊＊）　各適量

ペコリーノ・ロマーノ・チーズ　適量

＊玉ネギのフォンドゥータ：玉ネギをスライスし、オリーブ油でゆっくり長時間スュエしてクタクタにしたもの（あまり色づかせないよう、途中で水分を少量ずつ足しながら調整する）。

＊＊ニンニクオイル：ニンニクを半分に切り、オリーブ油とともにフライパンに入れて火にかけ、ニンニクがキツネ色になるまでゆっくり加熱してとった油。

アスパラガスとブロッコリーのピュレ

1. グリーンアスパラガス2本とブロッコリー1/2個分を、塩と重曹入りの湯でゆでる。水気を切る。
2. 1に玉ネギのフォンドゥータとE.Vオリーブ油を合わせてミキサーで回す。

野菜などの下処理

3. グリーンアスパラガス5本とブロッコリー1個分を、塩と重曹入りの湯でゆでる。アスパラガスは食べやすい長さの縦4つ割りに、ブロッコリーは小さめに切る。長イモは皮をむいて1cm角に切る。それぞれニンニクオイルでソテーする。
4. 大黒シメジは小さめに切り、グリルする。
5. アーモンドスライスは、140℃のオーブンで5分ローストする。

クスクス

6. クスクスと少量の塩をボウルに入れて混ぜる。同量の沸騰湯を注ぎ、ラップをして10分ほどおく。
7. 6にAを加えて味を調える。

盛り付け

8. 温めた2のピュレを皿に敷く。7のクスクスを中央に盛り、3の野菜、4の大黒シメジ、5のアーモンドスライスを盛り、ペコリーノ・チーズを削りかける。

グリーンアスパラガス モッツァレッラのエスプーマと卵黄

グリーンアスパラガスを主役にした一皿。エスプーマにしたモッツァレッラや、軽く乾燥させた卵黄を添え、味の組み合わせを楽しんでいただく。(武田)

材料(1人分)
グリーンアスパラガス(極太) 1本
A
　シブレット(みじん切り) 小さじ1
　シトロンコンフィ(レモンの塩漬け。みじん切り)
　　少量
　粗挽きコショウ 少量
　バニラオイル 小さじ1
卵黄 1個
B
　塩 240g
　砂糖 160g
C(モッツァレッラのエスプーマ。作りやすい量)
　※1人分30cc使用。
　モッツァレッラ・チーズ 100g
　ホエー(乳清) 50cc
　生クリーム(乳脂肪分42%) 50cc
バニラオイル 少量
グリーンアスパラガスの穂先のサラダ(＊) 少量
ナスタチウム 少量

＊グリーンアスパラガスの穂先のサラダ：ゆでたグリーンアスパラガスの穂先に、エシャロット(みじん切り)、塩、コショウ、オリーブ油、レモン果汁を加えて和える。

1　卵黄は生のままとり出し、Bを合わせたところにのせて、脱水させておく(実際には何個かまとめて作る)。とり出して水洗いし、食品乾燥機に入れて表面を乾燥させる。

2　モッツァレッラのエスプーマ：Cの材料をすべて合わせてミキサーにかけ、エスプーマ用のサイフォンに入れておく。

3　グリーンアスパラガスは下の部分を切り落として硬い部分の皮をむき、食感が残る程度にゆでる。Aをまぶし、5～10分ほどおいておく。

4　皿に3のアスパラガスを盛り、2のモッツァレッラのエスプーマをバランスよく絞り、バニラオイルをかける。1の卵黄を添え、卵黄の上にグリーンアスパラガスの穂先のサラダとナスタチウムの葉をのせる。

平目のヴァプール グリーンアスパラガス、岩海苔、新生姜のソース

岩海苔と新生姜のクリームソースは、白身魚にもアスパラガスにもよく合う。(武田)

材料(2人分)
白身魚(ヒラメなど。切り身) 60g×2切れ
A(新生姜のソース。作りやすい量)
 ∴ かつおだし 200cc
 ∴ 生クリーム 50cc
 ∴ 無塩バター 30g
 ∴ 新生姜の甘酢漬け(みじん切りと汁) 大さじ2
日本酒、無塩バター、塩 各適量
岩海苔(生) 適量
グリーンアスパラガス(ゆでたもの。穂先の部分) 4本
緑オイル(p.90参照) 適量
岩海苔のチップ(＊) 2枚
ナスタチウム 2枚

＊岩海苔のチップ:皮をむいたジャガイモと水を、82℃に設定したサーモミックスに入れ、コーンスターチを加え、加熱しながら撹拌して火を入れる。とろとろになったら粗熱をとり、色出しした生岩海苔を加える。オーブンシートに薄く適当な大きさにのばし、低温のコンベクションオーブンで乾燥させる。

1 新生姜のソース:Aのだしを鍋に入れて半量まで煮詰め、生クリーム、バターを加えて更に煮詰める。最後に新生姜の甘酢漬けと汁を加えて味を調える。
2 白身魚は直径7cmのセルクル型に合わせて切り分ける(30g×2枚が1人分)。
3 セルクル型の内側にバターを塗り、2の魚に塩をして平らになるように詰め、上から日本酒、バターを加えて冷蔵庫に入れておく。冷たいままスチームコンベクションオーブンのスチームモード72℃に、3〜5分入れる。
4 岩海苔は、沸騰湯にさっと入れて色出しし、水気を切り、器に敷く。3の魚をのせてゆでたグリーンアスパラガスをのせ、1のソースをかけ、緑オイルをかける。岩海苔のチップを添えてナスタチウムをのせる。

春キャベツとアスパラ 和牛のタルタル

肉料理にも、季節の野菜をたっぷり添えてお出ししている。
野菜のシャキシャキ感を楽しんでいただきたい。（秋山）

材料（4人分）
和牛もも肉（塊）　300g
春キャベツ　1/4個
みょうが　3個
大葉　5枚
煎り白ゴマ　大さじ1
塩　適量
オリーブ油　適量
グリーンアスパラガス　2本
フルーツトマト　2個
辛子ソース
　：ウスターソース、マヨネーズ、溶きガラシ、
　：　醤油　各適量
　：※混ぜ合わせる。
松の実、紫芽　各少量

1　キャベツはせん切りにする。
2　1に塩をふり、出た水分を軽く絞る。
3　みょうが、大葉を細かく刻み、2のキャベツと合わせる。煎りゴマ、オリーブ油を加えて再度混ぜ、塩で味を調整する。
4　牛肉は常温に戻してから塩をふり、油をひかないフライパンで、表面だけ焼く（たたきのように）。
5　グリーンアスパラガスはゆでて、食べやすい長さの斜め切りにする。トマトは皮を湯むきし、くし形に切る。
6　4の牛肉を小角に切り、セルクル型を使って器に盛り、辛子ソースをかけ、松の実と紫芽をのせる。5のアスパラガス、トマト、3を添える。

グリーンアスパラガスのチャーハン

ご飯とアスパラガスは相性がよく、おいしいチャーハンができる。
アスパラガスは生で炒めるので、火が入りやすい大きさにカットしておく。（早岡）

材料（1人分）
グリーンアスパラガス　2本
ご飯　100g
卵　1個
金華ハム（みじん切り）　小さじ1/2
綿実油（サラダ油）　大さじ2
コラトゥーラ（イタリアの魚醤）　小さじ1
鶏スープ（p.34参照）　小さじ2

1　グリーンアスパラガスは、3〜4cm角ほどに切る。
2　ご飯は温めておく。
3　卵は溶きほぐしておく。
4　中華鍋に綿実油を入れて熱し、3の卵を入れて軽くかき混ぜ、すぐに2のご飯を入れる。金華ハム、1のアスパラガスを入れ、コラトゥーラを加えて炒め合わせる。
5　鶏スープを鍋肌からまわし入れ、鍋をあおって水分を飛ばしたらでき上がり。

グリーンアスパラガス
ホワイトと品種は同じだが、土寄せせずにそのまま育てた緑色のもの。ホワイトにくらべるとカロテンなどの栄養は多く含まれる。

タケノコ

竹の地下茎から出た若い芽で、代表的な春の味覚のひとつ。日本でタケノコといえば、一般的に孟宗竹のものを指す。他には淡竹(ハチク)、真竹(マダケ)、根曲がり竹などがある。タケノコの産地は各地にあるが、生産量が多いのは、福岡県、鹿児島県、熊本県など。

筍とフォアグラ

春らしいタケノコと濃厚なフォアグラを組み合わせた一皿。
春はハーブの花の季節でもあるので、上手に使うとよい。(永田)

材料(2人分)
タケノコ　1本
米ぬか　100g
昆布　適量
芽キャベツ　6個
フォアグラ　50g×2
塩、小麦粉　各適量
揚げ油　適量
海苔ソース
　海苔(有明産乾燥海苔)　適量
　エシャロット(みじん切り)　適量
　無塩バター　適量
　塩、レモン果汁　各適量
ルコラの花(茎・葉付き)、マジョラム
　各少量

1　タケノコは表面の皮を2枚ほどむき、下の部分を切り落とす。米ぬかを加えたたっぷりの水で2時間ほどゆで、火からおろしてそのまま8時間ほどおいておく。
2　1の皮をむいて水で洗い、一度ゆでこぼす。鍋に入れて、かぶるくらいの水と昆布を加えて火にかける。
3　2のタケノコに火が通ったら、水気を切って縦半分に切り、油でこんがり揚げ、塩をふる。
4　芽キャベツは2～4等分に切り、素揚げして塩をふる。
5　フォアグラは塩をして、小麦粉をつけ、フライパンで焼く。
6　海苔ソース:キャセロールにごく少量の水を入れ、海苔を入れて火にかけて熱する。バターでモンテし、塩とレモン果汁で味を調え、エシャロットを加える。
7　器に3、4、5、6を盛り合わせ、ルコラの花とマジョラムを添える。

タケノコ(孟宗竹)

焼き筍 木の芽、酢橘、マテ貝、ホンナ、ヤチアザミ
マテ貝はとても旨みの強い貝なので、だしをソースにも
使用した。マテ貝と山菜のソテーとタケノコは別々に
食べてほしいので、間隔を開けて盛り付け、
マテ貝のソースで両者をつないだ。(岩坪)

新筍の油燜筍（ヨウメンスン）
見た目ほど味は濃くなく、
タケノコの風味がきちんと感じられる。(西岡)

筍の姿煮
外側の皮をむきながら、丸ごとかぶりついて
食べていただきたい。(秋山)

筍とあおり烏賊 木の芽味噌和え
ねっとりとしたアオリイカとタケノコの
食感の違いが楽しい。(秋山)

焼き筍 木の芽、酢橘、マテ貝、ホンナ、ヤチアザミ

和食ではおなじみだが、貝とタケノコは相性がよい。タケノコはアーティチョークのように考えると、合う調理法が共通していておもしろい。(岩坪)

材料(4人分)
タケノコ(小) 1本
A
　米　ひとつかみ
　赤トウガラシ　適量
　塩　適量
薄力粉、オリーブ油、塩　各適量
マテ貝と山菜のソテー
　マテ貝(オオマテ貝)　適量
　ニンニク　1片
　オリーブ油　適量
　ホンナ　適量
　ヤチアザミ　適量
　塩、ニンニクオイル(p.17参照)　各適量
　B
　　マスタード　適量
　　レモン果汁　適量
　　太白ゴマ油　適量
スダチ(くし形切り)　適量
木の芽　少量

1　タケノコはたわしで洗い、先のほうを斜めに切り落とし、縦に包丁目を入れる。鍋に入れてかぶるくらいの水とAを加え、落とし蓋をして強火にかける。沸騰したら弱火にし、タケノコがやわらかくなるまで煮る。
2　マテ貝と山菜のソテー：別鍋につぶしたニンニクとオリーブ油を入れて弱火にかける。ニンニクがキツネ色になったらとり除く。洗ったマテ貝を加えて軽く炒め、水をひたひたに加えて蓋をし、火が通ったらザルにあけ、煮汁もとりおく。
3　2のマテ貝を殻からとり出し、縦半分に切って煮汁で中を洗う。煮汁はさらしまたはリードペーパーで漉し、マテ貝を浸けておく。
4　3の煮汁の一部を煮詰め、Bを加えて乳化させる。
5　ホンナ、ヤチアザミを塩ゆでする。
6　煮汁を切った3のマテ貝を細切りにし、5とともにニンニクオイルでソテーし、煮汁を少量加えてからめる。
7　1のタケノコをくし形切りにして薄力粉をまぶし、オリーブ油をひいたフライパンで、少し焦げ目がつくまで強火でソテーする。上がりに塩をふる。
8　皿に4のソースをひき、7のタケノコと6を少し間隔を開けて盛り付け、スダチを添え、タケノコの上に木の芽を散らす。

新筍の油燜筍(ヨウメンスン)

孟宗竹はクセが強いので、ゆでずに素揚げしてアクを抜き、濃い香りをまとわせている。(西岡)

材料(作りやすい量)
新タケノコ　10本
揚げ油　適量
A
　日本酒　180cc
　老抽王(中国醤油)　大さじ4
　八角　3個
　塩　10g
　氷砂糖　40g
ゴマ油　大さじ2
カラスミ　適量

※タケノコ5本で作る場合は、煮汁の材料もすべて半量にする。

1　タケノコは、先端を斜めに切って皮をむき、掃除する。4〜6等分に切り、180℃の油で素揚げする。
2　Aを鍋に合わせて沸騰させ、1を入れて煮詰める。煮詰まってきたら、火を止めてゴマ油をまわし入れる。
3　器に盛り、カラスミをすりおろしてかける。

筍の姿煮

新鮮なタケノコならではの楽しみ方。(秋山)

材料(4人分)
タケノコ(15cmほどのもの)　2本
米ぬか　適量
昆布　10cm角2枚
濃口醤油、酒　各適量
木の芽　適量

1　米ぬかを加えた水で、タケノコを下ゆでする。
2　1を水で洗って縦半分に切る。昆布とともに鍋に入れ、タケノコがかぶるくらいの水を加えて火にかける。途中水を足しながら、中火で45分ほど炊く。
3　2に濃口醤油と酒を加えて味を調え、更に15分炊く。
4　3を皮付きのまま縦半分に切り、器に盛る。木の芽を散らす。

筍とあおり烏賊　木の芽味噌和え

色の組み合わせも春らしい。(秋山)

材料(2人分)
タケノコ(炊いたもの。左記「筍の姿煮」の作り方
　1〜3参照)　1本
アオリイカ　適量
ホワイトアスパラガス　2本
ソラ豆(蜜煮にしたもの)　12粒
木の芽　少量
木の芽味噌(作りやすい量)
　地芽(＊)　ひとつかみ
　ホウレン草　1株
　白味噌　大さじ4
　きび砂糖　大さじ1

＊地芽:形や大きさが不ぞろいな木の芽。すりつぶして使用する場合などに使われる。

1　木の芽味噌:ホウレン草をやわらかくゆでて、水気を切り、細かく刻む。
2　1を地芽とともにすり鉢に入れ、まんべんなくすりつぶす。白味噌ときび砂糖を加えてすり混ぜる。
3　ホワイトアスパラガスは、少し硬めに下ゆでし、網にのせて直火であぶる。
4　アオリイカは皮をむいてサクどりし、両面に細かい切り目を入れる。
5　タケノコ、3のアスパラガス、4のアオリイカをすべて一口大に切り、器に盛り合わせる。ソラ豆の蜜煮、木の芽を散らし、2の木の芽味噌をソースディスペンサーで数カ所に落とす。

春の豆

春はソラ豆、グリーンピース、スナップエンドウなど、フレッシュな豆類がおいしい季節。楽しめる期間が短いので、旬を逃さずに使用して季節を表現したい。

桜海老のテーゴレ、空豆、ペコリーノ
イタリア、特にトスカーナでは、出はじめの生のソラ豆とペコリーノを合わせた料理が、春の訪れを告げるものとして楽しまれている。（岩坪）

グリーンピースと燻製じゃがいものエスプーマ
春を告げるプティ・ポワ・ア・ラ・フランセーズに、燻製ジャガイモのエスプーマをたっぷりと加えた。ミモレットの黄色も春らしい。（武田）

いろいろな豆類と湯葉のアミューズ ヨーグルトソース
春らしい緑の豆類を、爽やかなヨーグルトのソースで和え、
揚げた湯葉で香ばしさと食感を加えた。(武田)

空豆と雪菜の炒め物（西岡）

材料（1人分）
ソラ豆（実）　60g
雪菜（漬け物。缶詰。なければザーサイなど他の漬け物でもよい）　20g
綿実油（サラダ油）　大さじ1
鶏スープ（*）　適量（60〜90cc）
ナッツオイル（ピーナッツ油4：ヘーゼルナッツ油1：クルミ油1の割合で合わせたもの）　大さじ1

1　ソラ豆はサヤから出して薄皮をむいた実を、5分ほど蒸す。
2　雪菜は汁気を切り、水洗いして水気を絞り、みじん切りにする。
3　中華鍋に綿実油を熱し、2を入れ、1を入れて炒める。油がまわったら鶏スープを1/3量加え、ソラ豆を炒めほぐす。水気がなくなってきたら、そのつど鶏スープを加えながら、お玉でソラ豆を切るようにして炒めていく。
4　水分が飛んでソラ豆が適度に崩れたら、火を止めてナッツオイルをまわし入れて混ぜ、器に盛る。

＊鶏スープ（清湯／チンタン）

材料（作りやすい量）
鶏挽き肉　2kg
日本酒　3合
干しシイタケ　6個
昆布　30g
金華ハム（みじん切り）　30g
長ネギ（端の部分など）、生姜（端の部分など）　各適量

1　すべての材料をボウルに合わせてよく練る。
2　1を鍋に入れ、水を4ℓ加えて火にかける。沸いたら火を弱め、沸騰させないようにしながら、ポコポコする程度の弱火で1時間煮て、漉す。

スナップエンドウのフォンダン

アミューズや前菜の付け合わせに。（永田）

材料（作りやすい量）
スナップエンドウ　200g
オリーブ油　適量
塩　適量
フランボワーズ　少量

1　スナップエンドウはスジをとり、塩を加えた湯でゆでる。氷水にとって冷やした後、4等分ほどに切り、パコジェットのビーカーに入れてオリーブ油をひたひたに加え、冷凍庫に一晩入れて冷凍する。
2　1をパコジェットにかけ、裏漉してボウルに入れ、塩で味を調える。
3　2を器に入れ、フランボワーズを添える。

新玉ねぎとトリュフのフリット（武田）

材料（2人分）
新玉ネギ　1個
新玉ネギのコンフィ（＊）　適量
トリュフ（スライス）　適量
パン粉（細かいもの）　適量
パネ・アングレーズ（小麦粉、卵を混ぜ合わせたもの）
　適量
揚げ油　適量
みりんのレディクション（みりんをとろとろに煮詰めた
　もの）　適量
玉ネギパウダー（＊＊）　少量

＊新玉ネギのコンフィ：薄切りにした新玉ネギと少量の無塩バターを鍋に入れ、時間をかけてじっくりスュエし、キャラメリゼしたもの。

＊＊玉ネギパウダー：玉ネギを薄切りにして食品乾燥機で乾燥させ、ミルでパウダーにしたもの。

1　新玉ネギを、芯を残したまま縦半分に切り、スチームコンベクションオーブンのスチームモード100℃で約5分蒸す。
2　1の1枚1枚の間に、新玉ネギのコンフィ少量とトリュフのスライスを1枚ずつ詰める。
3　パネ・アングレーズを作り、2をつけて、パン粉をつけ、160℃の油で揚げる。
4　器に玉ネギパウダーをふり、3を半分に切って盛り付ける。蒸した新玉ネギ（分量外）の中心部分をとり出し、これを器にしてみりんのレディクションを入れて添える。

新玉ねぎのエキス、モリーユ茸、こごみ

セージの花で清涼感を添えた。（永田）

材料（1人分）
新玉ネギのエキス（作りやすい量）
　新玉ネギ（淡路島産）　3個
　塩　適量
モリーユ茸　4個
コゴミ（先の部分）　4本
セージの花　少量
塩　適量

1　新玉ネギのエキス：新玉ネギは洗って皮をむき、薄切りにする。キャセロールに入れてたっぷりの水を加え、蓋をして火にかける。沸騰したら蓋をとって中火にし、水分が少なくなったら途中で水を足しながら火を入れていく（玉ネギのエキスがほしいので、ペースト状にはしない）。1日煮込んだらザルにあけ、玉ネギの汁をとる。
2　1の汁を鍋に入れ、火にかけて煮詰め、塩で味を調える。
3　モリーユ茸は洗ってキャセロールに入れ、水を少量加えて蓋をし、火を入れる。
4　コゴミは塩を加えた湯でさっとゆでる。
5　器に3と4を盛り、セージの花を散らし、2を注ぐ。

春キャベツ

春に収穫する品種のキャベツ。「新キャベツ」とも呼ばれる。小型で巻きがゆるく、内側まで薄く色づいている。水分量が多く葉がやわらかいので、生でも食べやすい。

牛肉のロースト
春キャベツ、空豆、アスペルジュ・ソバージュ
春キャベツを乾燥させて作るシートの下から、
牛肉のローストとソラ豆のキャベツ巻き、
色鮮やかなソラ豆のピュレが現れる。(武田)

春キャベツのラヴィオリ ベーコンのソース、山椒オイル
やわらかい春キャベツで作ったシュークルートと新玉ネギを、
ラヴィオリのようにキャベツで包む。
春らしい盛り付けで。(武田)

牛肉のロースト 春キャベツ、空豆、アスペルジュ・ソバージュ（武田）

材料（2人分）
春キャベツ　大きめの葉2枚
ソラ豆　15粒
新玉ネギ　適量
エストラゴン（みじん切り）　少量
牛肉（塊）　60g×2
牛タン（塊でゆでて掃除したもの）　適量
クルミ味噌（市販）　適量
アスペルジュ・ソバージュ　6本
アサツキ（ゆでたもの）　少量
シブレット（または万能ネギ。みじん切り）
　少量
木の芽　少量
澄ましバター　適量
生クリーム、無塩バター　各適量
塩、コショウ　各適量
マデラソース　適量

1　キャベツはさっとゆでる。
2　キャベツのセッシェ（ドライ）を作る。1のうちの1枚から、直径10cmのセルクル型で抜いたものを2枚とる。澄ましバターを塗り、平らな重石をのせて食品乾燥機に入れ、65℃ほどで乾燥させる。
3　ソラ豆はさっと塩ゆでし、薄皮をむいて、粗く切る。
4　3の半量を鍋に入れ、火にかけて軽く水分を飛ばした後、生クリームとバターを加えて軽く煮含める。ミキサーにかけた後、裏漉す。
5　新玉ネギはみじん切りにし、バターでスュエする。
6　3の残りのソラ豆に、4のピュレを少量加えて塩、コショウで味を調え、5の新玉ネギとエストラゴンも加えてよく混ぜる。
7　1の残りのキャベツを半分に切って形を整え、6を棒状に包む。バーナーで焼き目をつける。
8　牛肉は塩、コショウをし、バターをひいたフライパンで表面を焼いてからオーブンで焼き、上にクルミ味噌をのせて、サラマンダーで焦げ目がつくまで焼く。
9　スライスした牛タンを8にのせ、シブレットと木の芽をのせる。
10　アスペルジュ・ソバージュは、塩ゆでして食べやすい長さに切り、アサツキで3本ずつ結んでおく。
11　9を器に盛って、マデラソースを流し、7、4のピュレ、10のアスペルジュ・ソバージュを添え、上に2のキャベツのセッシェをかぶせる。

春キャベツのラヴィオリ ベーコンのソース、山椒オイル（武Ⅱ）

材料（1人分）
春キャベツ　適量
新玉ネギ　1個（作りやすい量）
春キャベツのシュークルート（＊）　適量
グリーンピース　大さじ2
ベーコン　適量
塩、無塩バター　各適量
A（ベーコンのソース。作りやすい量）
　ベーコン（粗く切ったもの）　200g
　フォンブラン　100cc
　生クリーム　50cc
　牛乳　50cc
　無塩バター　200g
七味ゴマ　少量
山椒オイル（＊＊）　適量
カカオのチュイル（木の枝状に形作って焼いたもの）　1個
菜の花（花）、木の芽、菜の花のピュレ　各少量

＊春キャベツのシュークルート：春キャベツを細切りにし、総重量の5％の塩をふってよくなじませ、白ワインをふりかけて冷蔵庫に3日間おいておく。3日後に鍋に入れ、しんなりするまで弱火で火を入れる。

＊＊山椒オイル：菜種油に粒山椒を入れて熱し、香りを移した油。香りが足りなければ、最後に粉山椒を少量加える。

1　ベーコンのソース：バター以外のAの材料を鍋に合わせて沸かし（約10分）、ベーコンの香りを移す。漉して鍋に戻し、味を調え、バターを加える。
2　キャベツの葉をさっとゆで、水気をよくとっておく。
3　新玉ネギは薄切りにし、バターでスュエする。
4　グリーンピースは塩ゆでする。ベーコンは細切りにし、フライパンでカリカリにしておく。
5　2のキャベツから、直径8cmのセルクル型で抜いたものを3枚とり、3の新玉ネギ、春キャベツのシュークルート、4のグリーンピース、ベーコンを各適量入れてラヴィオリのように包む。
6　残った3を器に適量入れて5を盛り、スチームコンベクションオーブンのスチームモードで温める。
7　6の上から1のベーコンのソースを注ぎ、七味ゴマをふり、まわりに山椒オイルを流す。木の枝形に作ったカカオのチュイルを、器の内側にはめるようにのせ、木の芽と菜の花を、菜の花のピュレではり付けるようにして飾る。

春キャベツ

アブラナ科の葉物野菜（春）

アブラナ科の野菜は多いが、その中で冬から春先にかけておいしい時季をむかえる葉物をまとめた。独特の苦みや香りをもつものも多く、これを上手に活かして使いたい。

菜の花・菜花（総称）

野菜としての「菜の花」は菜花（ナバナ）と同意で、花蕾や花茎、葉を食べるアブラナ科アブラナ属（おもに花の黄色いもの）の総称として使われる。1種類の植物ではなく、さまざまなアブラナ科の菜類が「菜の花」、「菜花」として売られている。和種（在来種）と西洋種の2つのタイプに分けられる。

のらぼう菜

東京都西多摩地方から埼玉県飯能市周辺で古くから栽培されてきた西洋種のナバナ。甘みがあり、クセのないさっぱりとした味。近年の伝統野菜復活の動きなどもあり、産地が拡大し生産量も増えた。

つぼみ菜

宮城県で栽培されている、「三陸つぼみ菜」が有名。やわらかく、甘みがあり、苦みはほとんどない。
※福岡県で品種開発された、大型からし菜の一種である「蕾菜」とは別種。こちらは大きな株から出てくるわき芽部分を食べる。

[さちうら]

「(株)サカタのタネ」が、2012年に「あまうまやわらかかき菜 さちうら」の商品名で販売をはじめたナバナ。しっかりとしたコクと甘みがあり、苦みはほとんどない。葉にフリルがあるのが特徴。

アスパラ菜
[オータムポエム]

「オータムポエム」は、「(株) サカタのタネ」が中国野菜の「菜心（サイシン）」と「紅菜苔（コウサイタイ）」をもとに育成したもの。苦みはなく、茎葉の味や食感がアスパラガスに似ているところからつけられた、アスパラ菜という品目名で呼ばれることも多い。

アレッタ

ブロッコリーとケールを掛け合わせて作られた野菜。スティックブロッコリーの一種といえるが、葉もおいしく食べられる。2011年に品種登録された。

クレソン

スッとする風味と苦みが特徴的。ステーキやローストビーフなどの肉料理の付け合わせに使われることが多い。繁殖力が強く、自生のものも多いが、流通しているものはほとんどが栽培ものである。

ルコラ

地中海沿岸原産。日本ではイタリア語名のrucola（ルーコラ）からきている呼び名が浸透しているが、英語名のロケット（rocket）、ロケットサラダと呼ばれることもある。ゴマのような風味が特徴的で、若干の苦み、辛みをもつ。

クレソンアレノア

普通のクレソンが水中、水辺で生育、栽培されているのに対し、畑で栽培されているところから、オカクレソンとも呼ばれる。クレソンに似た風味をもつが、辛みがもう少し強い。水には弱い。

菜の花とからすみの和え麺

菜の花に、相性のいいカラスミを合わせた。色も春らしい。(西岡)

材料(1人分)
中華麺　70g
菜の花　3本
塩　適量
オリーブ油　大さじ1
鶏スープ(p.34参照)　大さじ5
ナヴェットオイル(ナバナ油)　小さじ1
カラスミ　適量

1　菜の花は硬い部分を切り落とし、2cmほどに切り分け、塩ゆでする。
2　フライパンを熱してオリーブ油を入れ、1の菜の花を軽く炒め、鶏スープを加えて火を消しておく。
3　中華麺を30秒ほどゆでてザルにとり出し、水で洗い、水気をよく切って2のフライパンに入れる。再び火にかけ、スープがよくなじむように混ぜながら加熱する。
4　全体がなじんだら火を止め、ナヴェットオイルをまわし入れる。器に盛り、すりおろしたカラスミをかける。

アスパラ菜と塩卵の炒め物

塩卵の旨みと塩味を味つけに使った炒め物。アスパラ菜は、葉の付いた部分だけを使用したが、太い茎を使うなら葉と同じ時間で火が入るよう細く切る。(西岡)

材料(1人分)
アスパラ菜(「オータムポエム」。
　葉のある部分)　50g
塩卵(黄身)　1個
綿実油(サラダ油)　大さじ2
鶏スープ(p.34参照)　大さじ3
塩　少量
水溶き片栗粉　少量
ゴマ油　少量

1　アスパラ菜は葉のある部分を摘み、水に放しておく。
2　塩卵は10分ほど蒸して、ほぐしておく。
3　中華鍋に綿実油を熱し、水気を切った1のアスパラ菜を入れて炒める。油がまわったら鶏スープを加え、2の塩卵を入れて炒め合わせる。ごく少量の塩で味を調え、水分が飛んだら水溶き片栗粉を加え、火を止めてゴマ油をまわし入れ、器に盛る。

のらぼう菜の豆豉炒め

アブラナ科の野菜には、発酵食品の風味がよく合う。
ここでは豆豉を加えて炒め物に。(西岡)

材料(1人分)
のらぼう菜　60g
豆豉(トウチ)(刻んだもの)　小さじ1
綿実油(サラダ油)　大さじ1
鶏スープ(p.34参照)　大さじ2
ゴマ油　大さじ1/2

1　のらぼう菜は、葉の部分を摘んで水に放しておく。
2　中華鍋に綿実油を熱し、水気を切った1ののらぼう菜を入れ、豆豉を入れて炒める。油がなじんでしっとなったら、鶏スープを加えて味を含ませる。
3　水分がある程度飛んだら火を止め、ゴマ油をまわし入れて、器に盛る。

アレッタの炒め物 ポーチドエッグ添え

相性のいい卵とミモレット・チーズを合わせて
春らしく仕立てた。(西岡)

材料(1人分)
アレッタ 60g
綿実油(サラダ油) 大さじ1
鶏スープ(p.34参照) 大さじ3
塩 少量
卵 1個
A
：塩 少量
：米酢 大さじ1/2
ミモレット・チーズ 少量

1 小鍋に湯を沸かしてAを加え、卵を壊さないように割り出して入れ、ポーチドエッグを作る。氷水にとり出しておく。
2 アレッタは、蕾のある葉の部分を摘んで、水に放しておく。
3 中華鍋に綿実油を入れて熱し、水気を切った2のアレッタを入れて炒める。油がまわったら鶏スープを入れ、塩を加える。
4 水気が飛んだら皿に盛り、水気を切った1のポーチドエッグをのせ、ミモレット・チーズをおろしかける。

ルコラと鹿のタルタル

鹿肉にルコラの風味がよく合う。洋野菜のイメージの強いルコラだが、
使い方の幅は広い。ルコラの味がする花も、上手に使うとよい。(西岡)

材料(1人分)
鹿のタルタル
　鹿ロース肉　50g
　ケッパー　5粒
　ザーサイ　10g
　中国生醤油　3滴
ルコラ(葉)　4本
ディル(葉先)　少量
万能ネギ(小口切り)　少量
ウズラの卵黄　1個
ルコラの花　15個
太白ゴマ油　小さじ1
花椒粉(粉末の中国山椒)　少量

1　鹿のタルタルを作る。鹿ロース肉を5mm幅の細切りにする。
2　ケッパーとザーサイをみじん切りにする。
3　1と2をボウルに合わせ、中国生醤油を加えて混ぜる。
4　ルコラの葉は、水に放しておく。
5　4の水気を切って、器に敷く。中央にセルクル型をおき、中に3のタルタルを詰めて、型をはずす。上にディルと万能ネギをのせて"巣"を作り、中央にウズラの卵黄をのせる。ルコラの花を散らして太白ゴマ油をふり、花椒粉をふりかける。

クレソンのすき焼き仕立て

生でつけ合わせやサラダにすることの多いクレソンだが、軽く火を入れてもおいしい。
豆腐やネギと合わせ、野菜だけのすき焼き仕立てに。(西岡)

材料（1人分）
クレソン　2束
長ネギ　1/2本
絹漉し豆腐　1/4丁
割り下
　かえし（p.269参照）　90cc
　かつおだし　180cc

1　クレソンは葉のある部分を摘む。長ネギは3cm長さに切り、フライパン（テフロン加工の場合は綿実油を少量ひく）で両面を焼いて、焼き目をつける。
2　豆腐は4等分に切る。
3　割り下を鍋に合わせて沸かし、1、2を入れて火が入るまで煮る。

> ## 山菜・野草
> もともとは野山に自然に生えていた植物や、そのイメージをもつ野菜類の中から、皿に季節感を添えるものを。天然ものは、山菜採り名人から直接入手するのが確実である。

マリネして皮面だけグリルした鱒 ギバサ、ピサンリ、菜の花、アマランサス、ピーテンドリル
春の野菜をたっぷり添えた。ピサンリ(遮光タンポポ)は、ベルギーチコリに少し甘みをつけたような味わいが特徴。(岩坪)

ピサンリ(ピサンリ・ブラン)
食用タンポポを、遮光して育て軟化させたもの。ほろ苦い風味とシャキシャキした食感がおいしい。

**フィノッキニット
（フィノッキオ・セルバティコ）**
野生種のフィノッキオ（ウイキョウ）。球茎の部分を食べるウイキョウ（p.119参照）に対し、こちらはおもに葉の部分を使う。

熊本産馬肉のカルネ・クルーダ
3種のスパイスと藁の香り カタクリ、クレソン、
山わさび、サワークリーム、ニンニク

馬肉に香り野菜を添えた一皿。
カタクリのフレッシュな香りが爽やか。（岩坪）

サフラン香る フィノッキエットのズッペッタ
赤海老、ピスタチオ、ラルド

エビの旨みをラルドで補い、
フィノッキエットの強さとバランスをとった。
ピスタチオやサフランも合わせ、
全体的にシチリアのイメージで。（岩坪）

マリネして皮面だけグリルした鰆
ギバサ、ピサンリ、菜の花、
アマランサス、ピーテンドリル（岩坪）

材料（2人分）
サワラ　120g
ギバサ（＊）　適量
ピサンリ（遮光タンポポ。フランス産）　適量
菜の花　適量
レッドアマランサス　適量
ピーテンドリル（p.11参照）　適量
塩、トレハロース、サラダ油、オリーブ油　各適量
瀬戸内コラトゥーラ（魚醤）　適量
白ワインヴィネガー　適量
E.V.オリーブ油　適量

＊ギバサ：正式名はアカモクという海藻。ギバサは秋田での呼び名。

1　サワラを三枚におろし、身の重量に対して1.3%の塩と0.2%のトレハロースを合わせてふり、2時間おく。小骨を抜いてサラダ油に浸ける。
2　ギバサ、塩、瀬戸内コラトゥーラ、白ワインヴィネガー、E.V.オリーブ油を混ぜ合わせておく。
3　ピサンリの一部をオリーブ油でソテーし、白ワインヴィネガー、E.V.オリーブ油とともにミキサーにかけてピュレにする。
4　菜の花は塩ゆでする。
5　1のサワラを皮面だけグリルする。
6　皿に2のヴィネグレットと3のピュレをひき、5のサワラを盛り、4の菜の花、生のピサンリ、レッドアマランサス、ピーテンドリルを添える。

レッドアマランサス
アマランサスはヒユ科ヒユ属の一年草。多くの種類があり、大きくは、葉を食べる野菜用、種子を食べる種子用、観賞用に分けられる。写真は野菜用のベビーリーフ。

熊本産馬肉のカルネ・クルーダ
3種のスパイスと藁の香り
カタクリ、クレソン、山わさび、
サワークリーム、ニンニク（岩坪）

材料（6人分）
A
　馬もも肉　300g
　塩　適量（馬肉の重量の1.3%）
　トレハロース　適量（馬肉の重量の0.8%）
　昆布　適量
カタクリ（葉）　適量
メース、アニスシード、カルダモン　各適量
E.V.オリーブ油　200cc（作りやすい量）
サワークリーム　適量
山わさび　適量
塩　適量
B（作りやすい量）
　ニンニク　30g
　牛乳　200g
　水　200cc
　大豆レシチン　10g
レモン果汁　適量
クレソン　適量
カタクリの花（茎・葉付き）　適量
◎藁

1　E.V.オリーブ油はキッチンポットに入れ、燻製器を使って藁で燻製にする。
2　Aの馬肉を掃除し、馬肉の重量に対して1.3%の塩と0.8%のトレハロースを合わせたものをふり、昆布で包んでラップフィルムで巻く。3日間冷蔵庫において締める。
3　カタクリの葉を塩ゆでし、1のE.V.オリーブ油を少量加えてミキサーにかける。茶漉しで漉して、アトマイザーに入れておく。
4　メース、アニスシード、カルダモンを合わせてミル・ミキサーにかけた後、ふるいにかける。
5　サワークリームに塩とすりおろした山わさびを加える。
6　Bのニンニク、牛乳、分量の水を鍋に合わせて火にかける。沸騰したら弱火にし、30分煮る。シノワで漉し、冷めたら大豆レシチンを加え、ハンドブレンダーで泡立てる。
7　2の馬肉を包丁で、ごく小さな角切りにする。

8 皿に3をスプレーし、7をセルクル型で形作って盛り付ける。その上に5のサワークリームをクネルに抜いてのせ、1のE.V.オリーブ油とレモン果汁を少量ふり、クレソン、カタクリの花を散らす。4のスパイスをふり、山わさびをおろしかけ、6の泡を添える。

サフラン香る
フィノッキエットのズッペッタ
赤海老、ピスタチオ、ラルド

フィノッキエットは香りが強く、
イワシと合わせる料理が
シチリアなどでは有名。（岩坪）

材料（2人分）
フィノッキエットのズッペッタ（作りやすい量）
　フィノッキエット　500g
　玉ネギ　1/2個
　アサリ　2kg
　サフラン　適量
　ニンニクオイル（p.17参照）　適量
A（ピスタチオのジェラート。作りやすい量）
　牛乳　500g
　生クリーム　100g
　ピスタチオペースト　50g
　グラニュー糖　100g
　塩　4g
　全卵　1個
　卵黄　2個
　ピスタチオ（ホール）　50g
B（ピスタチオのビスコッティ。作りやすい量）
　ピスタチオペースト　40g
　牛乳　200g
　全卵　3個
　薄力粉　60g
　塩　6g
　グラニュー糖　15g
赤エビ　4本
オリーブ油、ローリエ、ニンニク　各適量
ラルド（薄切り）　2枚

1 ピスタチオのジェラート：ボウルにAの全卵、卵黄を入れ、白っぽくなるまで泡立て器でかき立て、グラニュー糖と塩を加える。
2 鍋に牛乳、生クリーム、ピスタチオペーストを合わせて温め、1に加える。鍋に戻し、83℃まで加熱した後、火からおろして氷水にあててよく冷やし、ジェラートマシンにかける。でき上がる直前に、ローストして3等分に切ったピスタチオを加える。
3 ピスタチオのビスコッティ：3の材料をすべて合わせてミキサーにかけ、エスプーマ用のサイフォンに入れる。紙コップに絞り出し、電子レンジにかける。固まったらとり出して4枚に切り分ける。
4 フィノッキエットのズッペッタを作る。アサリ2kgに水4ℓを加えて3時間煮出し、リードペーパーで漉してブロードをとる。
5 フィノッキエットは細かく引く。玉ネギはみじん切りにし、ニンニクオイルでスュエする。
6 4のブロードと5を鍋に合わせ、サフランを加えて煮る。
7 赤エビは頭と殻をむき、青ワタを除く。たっぷりのオリーブ油にローリエとニンニクを加えて96℃に温めたところに、90秒入れる。
8 器に6を流し、7のエビを盛り、ラルドをのせる。横に3のビスコッティを1枚敷き、その上に2のジェラートをディッシャーで抜いてのせる。

鰹と浜防風 温玉添え

さっぱりとした初鰹と、
ほろ苦い浜防風の出会いを楽しんでいただく。
北海道の天塩町から届く手摘みの浜防風は、
鰹にも負けない存在感。
天ぷらにしてもおいしい。(秋山)

セリと大豆ミートの鍋仕立て
動物性の具材を加えずに作り、
セリの風味を主役にした鍋に。（西岡）

フカヒレ　花山椒
フカヒレに、香り高い花山椒を合わせた贅沢な一品。
花山椒は、奈良や京都のものが香りがよい。（秋山）

おかひじきと豆腐干絲(ガンスー)の和え物
オカヒジキは食感が特徴的な野菜。
これを活かす使い方をしたい。（西岡）

鰹と浜防風 温玉添え（秋山）

材料（2人分）
カツオ（背身） 1/2本
浜防風（北海道天塩町産） 適量
卵 2個
塩 適量
◎藁

1 温泉卵を作る。卵を、スチームコンベクションオーブンのスチームモード67℃で、40分加熱する（黄身のみ固まる）。
2 浜防風は、さっと塩ゆでする。
3 カツオは塩をふり、藁で燻し、たたきにする。
4 3のカツオを1cm厚さに切って器に盛る。1の温泉卵の黄身と、2の浜防風を添える。

フカヒレ 花山椒（秋山）

材料（2人分）
花山椒 適量
酒 適量
フカヒレ（姿。下処理をしたもの） 120g×2枚
サラダ油 適量
A（下味）
: かつおだし 500cc
: 薄口醤油 30cc
: 酒 20cc
: みりん 20cc
: 昆布 10cm角
B
: かつおだし 500cc
: 無添加チキンスープ 150cc
: オイスターソース 大さじ3
: 白味噌 大さじ1
水溶き吉野葛 適量

1 花山椒は、酒煎りにしておく。
2 下処理をしたフカヒレを蒸し器で30分蒸す。
3 フライパンに少量のサラダ油をひいて火にかけ、2を入れて両面に焼き色をつける。
4 Aを鍋に合わせ、3のフカヒレを入れて煮る。
5 別鍋にBを合わせて熱し、水溶き吉野葛でとろみをつけ、4のフカヒレを煮汁からとり出して入れる。
6 5を提供用の小鍋に移し、1の花山椒を添える。

花山椒
山椒の花。山椒の雄株に咲く黄緑色の花を摘んだもの。実のような辛みはなく、香りを楽しむ。収穫時期が限られ、希少価値が高い。（※写真はゆでたもの）

セリと大豆ミートの鍋仕立て（西岡）

材料（作りやすい量）
セリ　1束
大豆ミート（＊）　100g
かつおだし　540cc
コラトゥーラ（イタリアの魚醤）　大さじ3

＊大豆ミート：大豆を原料とした加工食品。ベジタリアンなどが肉代わり使用する。

1　セリは4cm幅に切り、水に放す。
2　大豆ミートは水で戻し、水を何度か換えて洗い、臭みをとる。水気をよく絞っておく。
3　鍋にかつおだしとコラトゥーラを入れて火にかけ、水気を切った1と2を入れて、ひと煮立ちさせる。

おかひじきと豆腐干絲（ガンスー）の和え物（西岡）

料〈2人分〉
豆腐干絲（押し豆腐の細切り）　100g
オカヒジキ　50g
塩　少量
ゴマ油　大さじ1

1　豆腐干絲は、一度ゆでて水気を切る。
2　オカヒジキは、葉を摘んで軽ゆでし、水気を切る。
3　1と2をボウルに入れ、塩とゴマ油を加えて和える。

山菜いろいろ

フキノトウ
キク科の多年草フキの蕾。フキは葉より先に、花茎がのびだす。地上に出てきたこの花茎の先の花の部分を、蕾のうちに摘みとったものがフキノトウ。独特の苦みや香りがある。

ギシギシ
タデ科の多年草で、葉の付け根から出てきた若芽を食用にする。オカジュンサイ、ウマスカンポとも呼ばれる。スイバに似ているが、酸味はそれほど強くない。ゆでて使用する。

浜防風
セリ科の多年草。海岸に面した砂地に自生するが、日本では乱獲などによって激減し、現在市場に流通しているものは、栽培ものが多い。

ウルイ
オオバギボウシの若葉。クセがなく、そのまま生で食べるとサクサクとした食感が味わえる。さっとゆでると軽いぬめりが出る。

野ゼリ
野生のセリ。湿地に生え、田ゼリ（栽培ものもあり）、山ゼリとも呼ばれる。栽培種のセリにくらべてアクが強い。

ホンナ
キク科。ボンナ、ヨブスマソウともいう。葉がコウモリのような形をし、茎の中が空洞になっている。ほろ苦さとシャキシャキとした食感が特徴。ゆでてお浸しや和え物に。生を天ぷらにしてもおいしい。

アサツキ（浅葱）
スーパーマーケットなどに並ぶアサツキの多くは栽培ものだが、本来は山野などに自生しているもの。チャイブ（エゾネギ）の変種で、名前は普通のネギ（葱）より色が薄い（浅い）というところから「浅葱」。生で食べると苦み、辛みが強い。

オカヒジキ
ヒユ科の一年草。葉が海藻のヒジキに似ていて、陸上に生育するところからの名。日本では、各地の海岸の砂浜や砂礫地などに自生しているが、近年はその数が減少している。現在流通しているものの多くは栽培ものである。

コシアブラ
ウコギ科の落葉高木で、その新芽が食用にされる。風味がよく、山菜の女王ともいわれる。ハカマと呼ばれる傘状の部分をとり除き、天ぷらなどにして食べるのがポピュラー。

イタドリ
タデ科の多年生植物。春に出てくる新芽を食用にする。酸味と多少のえぐみがある。ゆでて水にさらすなどし、アクを除いてから煮物、炒め物などにされる。

ワラビ
シダ植物の一種で、この若芽を食用にする。アクが強いため、重曹などを使ってアク抜きをしてから使用する。さまざまな料理に使える。

カタクリ
ユリ科の多年草。平地から山地の林内に自生し、春先に薄紫色の花をつける。若葉は山菜として食される。片栗粉はもともとこの鱗茎のでんぷんから作られていた。日本では中部地方以北に多く分布する。

ゼンマイ
シダ植物の一種で、若葉を食用にする。土から顔を出す幼葉の部分がワタ状の繊維に覆われている。ワラビ同様アク抜きをして使用する。また、干して乾燥させた干しゼンマイもよく使われる。

ヤチアザミ
キク科アザミ属の多年草。若芽が食用にされる。ヤチ（谷地）は湿地のことで、湿地帯に群生する。風味がよく、油炒めや天ぷら、味噌汁の具などにされる。

コゴミ
シダ植物の一種であるクサソテツの若芽。ワラビやゼンマイのような強いアクはなく、アク抜きの必要はない。クセもなく食べやすい。軽くゆでて、普通の野菜感覚で使える。

タラの芽
タラノキはウコギ科の落葉低木で、この新芽を食用とする。天然ものの他、水耕栽培によって発芽させる栽培ものも出回っている。苦みやクセがない代わりに香りや風味は天然ものより弱い。

アマドコロ
アマドコロ属の多年草。春先に出てくる新芽が食用にされる。自然な甘みとほのかな苦みがあり、食感はウルイに似ている。ゆでてお浸しや和え物に。

ウド（栽培もの）
ウコギ科タラノキ属の多年草。天然のウドは、新芽の部分や成長した茎、若芽などを食べる。独特の香りと苦みが特徴。栽培ものは遮光して作る「軟白ウド」と、ある程度日光にあてながら軟白する「山ウド」があり、どちらも天然もののようなクセがなく食べやすい。

スベリヒユ
スベリヒユ科の多年生植物。熱帯から温帯にかけて広く分布し、日本でも各地に自生する。道端や畑などに生え、雑草として扱われることも多いが食材にもなる。酸味とぬめりがあり、アクセントとして使える。

ギョウジャニンニク
ネギ属の多年草。若い葉と鱗茎が食用にされる。強いニンニクのような香りをもつ。生育速度が遅く、収穫できる大きさになるまでに長い年月を要する。現在は栽培ものが多く出回っている。

たらの芽の新筍和え

タケノコの硬い部分を砕いて和え衣にし、
同じく春の素材であるタラの芽を和えた。(西岡)

材料 (1人分)
タラの芽　5本
塩　適量
タケノコソース (作りやすい量)
　新タケノコ (下の硬い部分)　5本分
　鶏スープ (p.34参照)　適量
　ゴマ油　適量
　濃口醤油　適量
黒コショウ　少量

1　タケノコソースを作る。新タケノコの下の硬い部分を鍋に入れ、鶏スープをひたひたに加えて火にかける。串が通るくらいに煮えたら、鍋の中身をすべてフードプロセッサーにかける。
2　1に対して1/3量のゴマ油を加え、更にその総量に対して1/10量の濃口醤油を加えて混ぜ合わせる。
3　タラの芽は塩ゆでして水気を切り、2のタケノコソースを大さじ2加えて和える。器に盛り、黒コショウをふる。

山菜ラーメン

山菜は、自生のものだけを使っているので、当店の料理に山菜が登場するのに5月になってから。鮮度が落ちるのが早いので、届いたらすぐに下処理をする。(西岡)

材料(1人分)
中華麺　70g
A(すべて下処理をし、
　ゆでて3cm長さに切ったもの)
　ワラビ　10g
　ゼンマイ　10g
　コゴミ　10g
ウルイ(3cm幅に切ったもの)
　1本分
鶏スープ(p.34参照)　180cc
コラトゥーラ(イタリアの魚醤)
　大さじ1
貝柱油(＊)　大さじ1

1　鶏スープを鍋に入れ、コラトゥーラを加えて沸かす。Aとウルイを入れる。
2　中華麺を1分半ほどゆでる。
3　どんぶりに貝柱油を入れ、沸かした1を入れ、2の中華麺の水気を切って入れる。

＊貝柱油

材料(作りやすい量)
干し貝柱(日本酒をふって戻し、蒸したもの)　100g
綿実油(サラダ油)　360cc

綿実油と蒸した干し貝柱を中華鍋に合わせ、15分ほど低温で火を入れて香りを移し、漉して油をとる。

天然山菜と稚鮎のフリット

たっぷりの山菜を、稚アユのフリットの上に盛り付けた。山菜は多種類を使用し、生のもの、塩ゆで、フリットと調理法でも変化をつけている。(武田)

材料(1人分)
山菜5種(好みのものでよいが、ギョウジャニンニクなどあまり味の強すぎるものは避けたほうがよい)　適量
稚アユ　3尾
塩、米粉　各適量
揚げ油　適量
アユの肝のペースト(＊)　適量
クレソン　少量
クレソンのクーリ(作りやすい量)
　クレソン(葉)　3束分
　ホウレン草　少量
　塩　少量
　※クレソンとホウレン草の葉をさっとゆでて、ミキサーにかけ、裏漉す。塩で味を調える。

＊アユの肝のペースト:稚アユをサラマンダーで焼いた後アユのだしで炊き、うるかを加えてミキサーでピュレにする。

1　山菜は下処理をし、生のままのもの、さっと塩ゆでしたもの、米粉をつけて油で揚げて軽く塩をしたものなど、それぞれに合った調理法で調理したものを用意する。
2　稚アユは米粉をつけて、油で揚げる。軽く塩をする。
3　器にクレソンのクーリをひき、1と2を、ところどころにアユの肝のペーストを散らしながらバランスよく盛り込む。上からクレソンを散らす。

仔鳩とその内臓のファルス 行者ニンニク、酒粕のエスプーマ

仔鳩と、そのレバーで作ったファルスをギョウジャニンニクで包み、マデラソースを合わせた。
個性の強い山菜は、強い味の素材やソースと合わせても負けない。(武田)

材料(1人分)
仔鳩　1/2羽
ギョウジャニンニク　3本
無塩バター、塩、コショウ　各適量
アバ・ファルス(内臓の詰め物。作りやすい量)
　仔鳩のレバー　200g
　ポルト酒　30cc
　マデラ酒　30cc
　コニャック　10cc
　エシャロット(みじん切り)　1個分
　生クリーム　200g
　無塩バター　適量
酒粕のエスプーマ(作りやすい量)
　米(粥状に炊いたもの)　100g
　酒粕　20g
　生クリーム　30cc
　無塩バター　20g
マデラソース　適量
黒ニンニクのパウダー(黒ニンニクを食品乾燥
　機で乾燥させ、ミルでパウダーにしたもの)
　少量

1 アバ・ファルス:フライパンにバターを溶かし、仔鳩のレバーを入れて軽くソテーし、エシャロットを加える。ポルト酒、マデラ酒、コニャックを加え、半量になるまで煮詰める。最後に生クリームを加えて味を調え、ミキサーにかけて、裏漉す。
2 酒粕のエスプーマ:すべての材料を鍋に合わせて火にかける。全体がなじんだら、ミキサーにかけて、裏漉す。エスプーマ用のサイフォンに入れておく。
3 仔鳩は掃除し、骨付き胸肉(コッフル)にする。心臓ともも肉はバターで軽くソテーした後、細かく切り、1のピュレに加える。
4 ギョウジャニンニク2本は広げて、スチームコンベクションオーブンのスチームモード100℃で1分ほど軽く蒸す。
5 もう1本のギョウジャニンニクはバターでソテーしておく。
6 仔鳩の骨付き胸肉はバターをひいたフライパンで焼き、骨をはずす。塩、コショウをして1のピュレを塗り付け、サラマンダーで焼く。
7 4のギョウジャニンニクで6の仔鳩と5のギョウジャニンニクを包み、器に盛る。マデラソースをかける。
8 横に2の酒粕のエスプーマを絞り、黒ニンニクのパウダーをふる。

ウドとさより、梅干し、ホタテムースのフリット

サヨリに梅の風味を合わせ、生とピクルスにしたウドを添えた。
ホタテのムースで作るフリットをのせて、インパクトのある盛り付けに。（武田）

材料（作りやすい量。3人分）
サヨリ　3尾
塩、トレハロース、オリーブ油　各適量
ゆかり（紫蘇風味のパウダー）　少量
ウド（軟白ウド）　1/2本
A
：米酢、塩、砂糖　各適量
：ビーツ　少量
ホタテのムースのフリット
：ホタテ貝柱　100g
：卵白　20g
：コーンスターチ　20g
：揚げ油　適量
梅干しとビーツのソース
：ビーツのピュレ（p.90参照）　大さじ3
：梅干し（自家製。種抜き）　2個
：オリーブ油　少量
ヨーグルト（プレーン）　大さじ2
カリカリ梅（みじん切り）　少量
紫芽　少量
花穂紫蘇（花）　少量
ビーツのパウダー（p.177参照）　少量

1　サヨリは三枚におろし、塩、トレハロースで3時間マリネして水分を抜く。
2　1の皮をむき、上身、下身それぞれの身側に、ゆかりをふりかけ、ロール状に巻いて、ラップで巻き、1日冷蔵庫におく。
3　ホタテのムースのフリット：ホタテ貝柱、卵白、コーンスターチを合わせてミキサーにかけ、細い口金の絞り袋に入れて細く絞り出し、食品乾燥機で乾燥させた後、200℃の油で揚げる。
4　梅干しとビーツのソース：ビーツのピュレに梅干しとオリーブ油を少量加えてミキサーでよく混ぜ、裏漉して、ソースとする。
5　ヨーグルトはオリーブ油と塩を少量加え、軽く燻製にする。
6　ウドは、生を薄い輪切りにしたものと、Aを合わせた中に浸けてピンク色のピクルスにしたものを半分ずつ用意する。
7　2のサヨリのメダイヨンをラップからとり出して皿におき、まわりに4のソースと5の燻製ヨーグルトを絞る。6の生のウドとピクルス、カリカリ梅、紫芽を散らし、上に3のフリットをのせる。フリットの上にバランスよくビーツのピュレ（分量外）を絞り、はり付けるようにして紫蘇の花を飾る。ビーツのパウダーをふる。

平目のヴァプール ホタルイカと山菜を添えて

やわらかく火を入れた白身魚に、だしベースのクリームソースをかけ、たっぷりの山菜を添えた。和の要素も感じられる一皿。(武田)

材料(2人分)
白身魚(ヒラメなど。切り身) 60g×2切れ
田ゼリ 少量
ノビル(野蒜) 少量
ペコロス 1個
ホタルイカ(ゆでて下処理をしたもの) 6パイ
タラの芽 2個
小麦粉、天ぷら衣 各適量
揚げ油 適量
塩、カイエンヌペッパー、日本酒、無塩バター 各適量
緑オイル(p.90参照)、ディル 各適量
A(新生姜のソース。作りやすい量)
　かつおだし 200cc
　生クリーム 50cc
　無塩バター 30g
　新生姜の甘酢漬け(みじん切りと汁) 大さじ2
シーバックソーンパウダー(p.103参照) 少量

1 新生姜のソース:Aのだしを鍋に入れて半量まで煮詰め、生クリーム、バターを加えて更に煮詰める。最後に新生姜の甘酢漬けと汁を加えて味を調える。

2 白身魚は直径7cmのセルクル型に合わせて切り分ける(30g×2枚が1人分)。

3 田ゼリは掃除し、ペコロスは薄い輪切りにし、どちらも水に浸けておく。

4 セルクル型の内側にバターを塗り、2の魚に塩、カイエンヌペッパーをふって平らになるように詰め、上から日本酒、バターを加えて冷蔵庫に入れておく。冷たいままスチームコンベクションオーブンのスチームモード72℃に、3〜5分入れる。

5 タラの芽は小麦粉を打って天ぷら衣をつけて揚げる。ゆでたホタルイカはそのまま温める。ノビルはさっとゆでる。

6 皿に4の魚をのせ、1のソースを適量かけ、5のホタルイカ、タラの芽の天ぷらをのせ、その上に3の田ゼリとペコロスの水気を切ってのせる。

7 緑オイルにディルを加えてミキサーで回したソースをまわりに流し、更に1のソースをハンドブレンダーで泡立ててかける。シーバックソーンパウダーをふる。

鯛の白子 こしあぶら、葉わさび、花わさび

たっぷりの山菜の下に、鯛の白子と鯛のスープ。
山菜の季節に作る、山菜を主役にした料理。(永田)

ふきのとうとクルミのチャーハン
フキノトウとクルミの組み合わせがおいしい。
フキノトウは油で揚げると苦みがやわらぎ、
食べやすくなる。(西岡)

**秋田県白神山地から届いた
天然山菜のタヤリン**
山菜をたくさん食べていただきたいと、
毎年作っている料理。(岩坪)

鯛の白子 こしあぶら、葉わさび、花わさび（永田）

材料
鯛の白子　適量
酒　少量
鯛のだし
　┊鯛の頭、骨　適量
　┊塩　適量
コシアブラ、田ゼリの根、
　葉わさび、花わさび　各適量
タイムの花　少量
揚げ油　適量

1　鯛の白子は、酒を少量加えた湯に2〜3秒入れてブランシールし、氷水にとり、キッチンペーパーで水気をふきとり、1人分に切り分ける。
2　火にかけたテフロン加工のフライパンに1を入れ、焼き色をつける。
3　鯛のだし：鯛の頭と骨を一度ゆでこぼし、新たに水を加えて火にかけ、沸かさないようにしながら1時間ほど加熱する。漉して、再び鍋に入れ、火にかけて煮詰める。塩で味を調える。
4　コシアブラの葉と田ゼリの根は、それぞれ素揚げする。
5　器に2の白子を入れて3を注ぎ、上に4のコシアブラ、田ゼリの根、葉わさび、花わさびをのせ、タイムの花を散らす。

秋田県白神山地から届いた
天然山菜のタヤリン（岩坪）

材料
A（タヤリン＊。12人分）
: 00粉　270g
: セモリナ粉　130g
: 塩　8g
: E.V.オリーブ油　10g
: 卵黄　12個
: 全卵　1個
山菜
: ヤチアザミ、アサツキ、ギシギシ、ホンナ、
:   アマドコロ、カタクリ、野ゼリ、タラの芽、
:   イタドリ、フキノトウ　各適量
塩、揚げ油　各適量
無塩バター　適量
パルミジャーノ・レッジャーノ・チーズ（すりおろし）
　適量

＊タヤリン：タリオリーニのピエモンテ方言名。

1　Aの材料でタヤリンを作る。
2　山菜の下処理をする。フキノトウ以外は塩ゆでして食べやすく切る。フキノトウは縦半分～1/6に切り、素揚げする。
3　鍋に少量の水と2のゆでた山菜を入れて火にかけ、ゆで上げたタヤリンを入れて合わせ、バターとパルミジャーノ・チーズを加えてからめ、味を調える。
4　3を器に盛り、素揚げしたフキノトウをのせる。

ふきのとうとクルミのチャーハン
（西岡）

材料（1人分）
ご飯　100g
卵　1個
金華ハム（みじん切り）　小さじ1/2
フキノトウ（根元を切り落とし、丸のまま180℃の油で
　素揚げして油を切り、みじん切りにしたもの）　30g
クルミ（煎ったもの）　3粒
綿実油（サラダ油）　大さじ2
コラトゥーラ（イタリアの魚醤）　小さじ1
鶏スープ（p.34参照）　小さじ2

1　煎ったクルミは、5mm角ほどに刻んでおく。
2　ご飯は温めておく。
3　卵は割りほぐしておく。
4　中華鍋に綿実油を入れて熱し、3の卵を入れて軽くかき混ぜ、すぐに2のご飯を入れる。金華ハム、素揚げしたフキノトウと1のクルミを入れ、コラトゥーラを加えて炒め合わせる。
5　鶏スープを鍋肌からまわし入れ、鍋をあおって水分を飛ばしたらでき上がり。

岩手の高原ポークのポワレ
ふきのとうとピーナッツバターのペースト
山菜を添えるだけで、春らしい一皿に。
クセの強いフキノトウを、
ピーナッツバターでやわらげて。（永田）

黒毛和牛の炭火焼き 蕗の薹味噌
冬から春にかけての季節を表現するのに
なくてはならないフキノトウ。
特にフキノトウ味噌は作りおきができ、
さまざまな使い方ができるので便利。（秋山）

イチゴ

私たちが果実として食べているのは、花托(かたく)と呼ばれる部分が肥大したもので、果実ではない。果実(痩果)は表面にある粒々の部分。促成栽培の技術が進み、12月ごろから出回るが、本来露地ものの旬は春である。

ふきのとうのアイスクリームとイチゴ
春先の定番デザート。紙のように薄くスライスしたイチゴの下に、フキノトウのアイスクリーム。味はもちろん、色の組み合わせも美しい。(武田)

あおぞら新玉葱とあおぞら苺
無農薬、無肥料で作物を育てる生産者の方との出会いがあり、生まれた一品。案内された畑で、その場にあったイチゴと新玉ネギを合わせてみたところ、イチゴの青い香りとえぐみのない新玉ネギから、おもしろいハーモニーが生まれた。(岩坪)

岩手の高原ポークのポワレ ふきのとうとピーナッツバターのペースト（永田）

材料（1人分）
豚ロース肉（岩手県産「高原ポーク」。塊）　100g
フキノトウバター（作りやすい量）
：フキノトウ　300g
：無塩バター　1ポンド
：ピーナッツバター（無糖）　200g
ソース（作りやすい量）
：エシャロット（みじん切り）　4個分
：玉ネギ（みじん切り）　1個分
：白ワイン　2本分（1500cc）
：フォンドボー　2ℓ
：※エシャロット、玉ネギ、白ワインを鍋に合わせて煮詰め、水分がなくなったらフォンドボーを加え、再び煮詰める。半量ほどになったらシノワで漉す。
塩　適量
タラの芽（フリットにしたもの）、ナバナ、田ゼリ　各適量
ジャガイモ（熟成ジャガイモ＊。蒸したもの）　適量

＊熟成ジャガイモ：低温多湿で長期貯蔵したジャガイモ。貯蔵中に、ジャガイモに含まれるデンプン質の一部が糖化し、甘み、旨みが増している。

1　豚ロース肉に塩をし、フライパンで焼く。焼く面をかえながら、全体に焼き色をつけたら、とり出す。
2　フキノトウバター：フキノトウは細かく刻んで水にさらし、水気を切る。ケンミックスにポマード状にしたバター、ピーナッツバターとともに入れて混ぜ合わせる。ラップフィルムで包んで冷蔵庫で保存しておく。
3　キャセロールに2を1人分入れて熱し、少量の塩で味を調える。
4　ナバナと田ゼリは、水を少量入れたシリコンスチーマーに入れて電子レンジに1分かける。
5　蒸して半分に切ったジャガイモを器に敷いて、上に1の豚肉を半分に切り分けて盛り、3のフキノトウバターを添えて、ソースを流し、肉の上にタラの芽のフリット、4のナバナと田ゼリをのせる。

黒毛和牛の炭火焼き　蕗の薹味噌

フキノトウ味噌は、フキノトウを揚げてから作ることで苦みが弱まり、ゴマと砂糖によって旨みがプラスされる。（秋山）

材料（4人分）
黒毛和牛肉（サーロイン）　200g
フキノトウ味噌（＊）　大さじ4（1人分大さじ1）
フキノトウ（はがしたもの）　10〜12枚
揚げ油　適量
塩、コショウ　各適量
ケシの実　少量

1　フキノトウは、1枚ずつはがしたものを素揚げする。
2　牛肉に塩、コショウをし、炭火焼きにする。
3　2を食べやすく切り、フキノトウ味噌と1のフキノトウをのせる。ケシの実を散らす。

＊フキノトウ味噌

材料（作りやすい量）
フキノトウ　4個
A
：赤味噌　100g
：ゴマペースト（白）　大さじ2
：きび砂糖　大さじ1
：酒　30cc
揚げ油　適量

1　フキノトウは下の部分に包丁で切り込みを入れ、180℃の油で素揚げする。
2　1の油を切って細かく刻む。
3　鍋にAと2を合わせて入れ、湯煎にかけながら練る。

ふきのとうのアイスクリームと
イチゴ（武田）

材料
イチゴ　適量
フキノトウのアイスクリーム（作りやすい量）
　A（アングレーズソース）
　　牛乳　550g
　　生クリーム　275g
　　卵黄　10個
　　砂糖　180g
　　バニラ棒　2本
　フキノトウ　10個
イチゴのクランブル
　（クランブル生地にイチゴのピュレを加えて
　そぼろ状にし、焼いたもの）　適量
イチゴのソース（*）　少量
フロマージュブラン　少量

＊イチゴのソース：イチゴの切れ端を集めて砂糖を少量加えて軽く煮詰め、フードプロセッサーにかける。

1　イチゴは冷凍しておく。
2　フキノトウのアイスクリーム：鍋にAの牛乳と生クリーム、裂いたバニラ棒を合わせ、沸騰寸前まで温めたら火を止め、半割りにしたフキノトウを加えて蓋をし、10分ほどおいて香りを移す。
3　ボウルに卵黄を入れ、砂糖を加えて泡立て器で白っぽくなるまでかき混ぜる。
4　3に2を漉して加えながら、泡立て器で混ぜる。
5　4を鍋に戻し、弱火にかけ、ゴムベラで混ぜながら火を入れる。
6　とろみがついたら、裏漉してボウルに入れ、氷水につけて冷やす。
7　6をパコジェットのビーカーに入れて冷凍する。使用するときにパコジェットにかける。
8　7のフキノトウのアイスクリームを抜いて、器に盛り、イチゴのクランブル、イチゴのソース、フロマージュブランを添え、1の冷凍のイチゴをスライサーで削ってのせる。

あおぞら新玉葱とあおぞら苺

玉ネギは玉（鱗茎）の部分を生で、茎の部分はグリルにし、葉の部分はソースとして使用している。（古坪）

材料
新玉ネギ（葉付きの「あおぞら新玉ネギ」＊）　適量
イチゴ（「あおぞらイチゴ」＊）　適量
レモン果汁　適量
E.V.オリーブ油　適量
塩　適量

＊『あおぞら新玉ネギ』、「あおぞらイチゴ」：どちらも無農薬、無肥料で栽培されたもの。名称は本書中における仮称。生産者は株式会社「パーソナルアシスタント青空」佐伯康人氏。

1　葉付きの新玉ネギを、玉（鱗茎）、茎、葉に切り分ける。
2　葉は塩ゆでし、E.V.オリーブ油を加えてミキサーにかけ、塩で味を調える。裏漉しする。
3　茎はグリルし、2cm幅に切る。塩をふり、E.V.オリーブ油をからめる。
4　玉の部分は薄くなりすぎないよう縦にスライスし、塩をふる。
5　適量のイチゴをミキサーにかけ、レモン果汁で味を調える。
6　2、3、4、5を器に盛り、くし形に切ったイチゴをのせる。

［あおぞらイチゴ］
イチゴを無農薬、無肥料で育てるのは奇跡的なことだという。

トマト

南米原産といわれるナス科の野菜。さまざま品種があり、日本だけでも120を超える品種が登録されている。大きさにより大玉、中玉（ミディトマト）、小玉（ミニトマト）に分けられ、その他色や用途による分け方もある。夏野菜のイメージが強いが、暑さにはあまり強くなく、本当においしい旬の時季は春〜初夏と、秋口といわれる。また、フルーツトマトの旬は冬から春にかけてである。（※写真は本書中の料理に使用したトマトの一部）

[にたきこま]

加熱調理用トマト

果肉がしっかりとして旨みが強く、煮込んでも崩れにくい品種が加熱調理にはむいている。「サンマルツァーノ」、「シシリアンルージュ」などの品種が有名。「にたきこま」は国内栽培に適した加熱調理適性の高いトマトとして、国内で開発された品種である。

グリーントマト

熟しても、赤くならない品種のトマト。「エバーグリーン」や、緑に黄色い縞の入った「グリーンゼブラ」などの品種がある。さっぱりした風味で、生でも加熱しても食べられる。

フルーツトマト

フルーツトマトとは品種名ではなく、水分を極力抑えるなどして栽培することにより、糖度を高めたトマトの総称。水やりや温度管理など、栽培に手間やコストがかかる。高知県がフルーツトマト発祥の地とされる。

ミニトマト（プチトマト）

1個の重さが20〜30gほどの小さいトマトの総称。赤いものの他、黄色、オレンジ色、紫色、緑色などさまざまな色のものがある。

露地トマトと卵の炒め物
炎を入れて炒めることにより、
燻香が加わって香ばしい味わいに。
冬場はフルーツトマトで作る。(西岡)

フルーツトマトの和え麺
フルーツトマトの甘みや酸味を活かすため、
シンプルに。(西岡)

露地トマトと卵の炒め物（西岡）

材料（1人分）
トマト（大）　1個
卵（Sサイズ）　1個
綿実油（サラダ油）
　　大さじ1/2＋大さじ2
A
：塩　少量
：中国醤油　少量
：砂糖　5g

1　トマトは皮を湯むきし、6等分のくし形に切り、種をとり除く。
2　卵は溶きほぐしておく。
3　中華鍋に綿実油大さじ1/2を熱し、2の卵液を入れて混ぜ、オムレツ状にしてとり出しておく。
4　3の鍋に新たに綿実油大さじ2を入れて、煙が出るくらいまで熱し、1のトマトを入れる。鍋を傾けて油に火を入れ、炎を立てるように鍋とお玉を動かしながら炒める。炎がおさまったらAを加えて混ぜる。
5　砂糖が溶けて水分に変わってきたら、3の卵を戻し入れて軽く混ぜ、器に盛る。

フルーツトマトの和え麺 (西岡)

材料（1人分）
中華麺　70g
フルーツトマト（「桃太郎ファイト」）　2個
A
　レモン果汁　少量
　揚げニンニク　小さじ1/4
　オリーブ油　大さじ2
　コラトゥーラ（イタリアの魚醤）　小さじ1

1　フルーツトマトは皮を湯むきし、6等分のくし形に切り、種をとり除く。
2　ボウルに1とAを入れて混ぜ合わせておく。
3　中華麺を少しやわらかめにゆでて、水で洗い、水気をよく切って2に入れて和え、器に盛る。

トマトエキスジュレ
トマトに、トマトのエキスで作ったジュレを合わせることにより、
トマトの風味を重層的に味わっていただく。
スナップエンドウのグリーンも美しい。(秋山)

グリーントマトとブッラータ
カプレーゼのグリーントマト版。
グリーントマトの自然な酸味と青っぽい香りを
楽しんでいただきたい。（武田）

トマト（にたきこま）のロースト
ビーツのソース
加熱するととろっとするこのトマトの特性を活かして
ローストに。ビーツのソースとサワークリームで
酸味を加えてバランスをとった。（永田）

トマトエキスジュレ（秋山）

材料（2人分）
フルーツトマト　2個
スナップエンドウ　6本
じゅんさい　適量
花穂紫蘇　適量
塩　適量
トマトエキスジュレ
　トマトエキス（＊）　250g
　板ゼラチン　5g
　レモン果汁　少量
　砂糖　大さじ1

＊トマトエキス：完熟したトマトをミキサーにかけ、さらしを敷いたシノワに入れ、半日かけて漉したもの。

1　フルーツトマトは皮を湯むきし、くし形に切る。
2　スナップエンドウは塩ゆでし、半割りにする。
3　トマトエキスジュレ：トマトエキスを鍋に入れて火にかけ、水で戻したゼラチン、レモン果汁、砂糖を加えて溶かし、冷ます。冷めたら冷蔵庫に入れて冷やす。
4　3が固まったら崩し、じゅんさいを加える。
5　器に1と2を盛り、4をかけ、花穂紫蘇を散らす。

グリーントマトとブッラータ（武田）

材料（1人分）
グリーントマト　1個（作りやすい量）
ブドウのヴィネガー（国産）　適量
ブッラータ・チーズ　30g
バジル（小さい葉。緑と紫）　各10枚
バジルオイル（＊）　少量
塩　少量
バジルパウダー（作りやすい量）
　トマトのコンソメ（＊＊）　200cc
　バジル（葉）　10枚
　クロロフィル（葉緑素）　10g
　※すべてを混ぜ合わせてパコジェットのビーカーに入れて冷凍し、パコジェットにかける。

＊バジルオイル：緑オイル（p.90参照）に、生のバジルを加えてミキサーで攪拌する。

＊＊トマトのコンソメ：トマトにほんのひとつまみの塩と砂糖を加えてミキサーにかけ、ジュースにする。鍋に移して火にかけ、沸いたら火を弱め、そのまま5〜10分コトコトと熱する。できた上澄みを静かに漉して液体をとる。味が足りなければこれを煮詰めるなどする。

1　グリーントマトは、スライサーで極薄くスライスし、ブドウのヴィネガーを加えて真空パックにしておく。
2　ブッラータは表面の水分をよくとり除き、バジルオイルと塩を少量ふる。
3　2の表面に1のトマトを隙間なくはり付け、その上にバジルの葉をバランスよくはり付ける。
4　3を器に盛り、提供直前に、バジルパウダーをかける。

トマト（にたきこま）のロースト ビーツのソース（永田）

材料（1人分）
トマト（「にたきこま」。ビオファームまつき）　1個
オリーブ油　少量
ビーツのソース
　ビーツ　適量
　塩、砂糖、フランボワーズヴィネガー　各適量
サワークリーム　適量
レッドバジル　少量
オキサリス　少量
黒コショウ（キュベベ）　適量

1　トマトを小鍋に入れてオリーブ油をふり、オーブンに20分ほど入れてローストする。
2　ビーツのソース：ビーツは適宜に切り分けて、適量の水とともにミキサーにかけ、さらしで絞って汁をとる。鍋に入れて1/3量ほどに煮詰め、塩、砂糖、フランボワーズヴィネガーで味を調える。
3　器に2のソースをひいて1を盛り付け、サワークリーム、レッドバジル、オキサリスを添えて、つぶした黒コショウをふる。

ミニトマトの黒酢炒め
味が凝縮しているミニトマトは、
炒め物にしてもおいしい。(西岡)

トマト、アボカド、ミントのサラダ
さまざまな色のミニトマトを使って作る、
楽しいサラダ。アボカドやホウズキ、
そしてミントの香りで、食べ飽きない。(武田)

ナス

原産地はインド北部といわれる。品種が多く、日本だけでも180種以上といわれる。形や大きさにより大長、長、中長、卵形、丸、小丸などに分けられる。もっとも多く出回っているのは、中長系の千両ナスである。また、形や大きさ以外の特性による呼び名で呼ばれるものもある。（※写真は本書中の料理に使用したナスの一部）

［あのみのり］

中長ナス
長さ12〜15cmで、長卵形ナスともいう。「千両ナス」が代表品種。「あのみのり」は2009年に品種登録された品種。皮の光沢が美しく、果肉は白い。

［ふわとろ長］

長ナス
長さ20〜25cmになる。おもに西日本や東北地方で作られている。秋田県の「河辺長」、岩手県の「南部長」、大阪の「大阪長」などの品種がある。「ふわとろ長」は長さ35cmほどになる大型長ナス。

［賀茂なす］

丸ナス
東北から北陸、関西で作られている、丸形の品種。京都の「賀茂なす」が有名で、「京の伝統野菜」および「ブランド京野菜」に指定されている。

水ナス
水分を多く含むナスの品種群。形は普通のナスより丸みを帯び、アクが少なく甘みがあり、皮も薄いので生食にむいている。日本各地で栽培されているが、大阪の泉州地域が特に盛ん。

翡翠ナス
青ナス、緑ナス、白ナスなどとも呼ばれる、淡い緑色のナス。水分が多く、加熱するとやわらかくなるが、皮はやや硬い。

イタリアナス
イタリアのナスで、「カプリス」、「ゼブラ」、「フェアリーテイル」などの品種がある。日本でも栽培が増えている。

ミニトマトの黒酢炒め（西岡）

材料（2人分）
ミニトマト（いろいろな種類をとり混ぜて）　14個
A
　黒酢　大さじ5
　日本酒　大さじ5
　中国醤油　小さじ1
　ハチミツ　大さじ1
オリーブ油　大さじ2
水溶き片栗粉　少量
穂バジル（あれば）　少量

1　ミニトマトは皮を湯むきし、縦半分に切る。
2　中華鍋にオリーブ油を熱して1を入れて炒め、Aを加えて炒め合わせる。水溶き片栗粉を加えて混ぜ、器に盛って穂バジルを散らす。

トマト、アボカド、ミントのサラダ （武田）

材料（1人分）
ミニトマト（いろいろな色のもの）5種　各2個
食用ホウズキ　2個
アボカド（皮をむいたもの）　1/4個
香味オイル（オリーブ油にバジルの茎、タイム、
　　タカノツメ、ニンニクなどを入れ、80℃ほど
　　で熱して香りを出したもの）　適量
トマトのコンソメ（＊）　適量
トマトのパウダー（＊＊）　小さじ1
ペコロス（輪切り）　1個分
ミント　5枚
バジル（葉）　大1枚
ボリジの花　少量

＊トマトのコンソメ：トマトにほんのひとつまみの塩と砂糖を加えてミキサーにかけ、ジュースにする。鍋に移して火にかけ、沸いたら火を弱め、そのまま5〜10分コトコトと熱する。できた上澄みを静かに濾して液体をとる。味が足りなければこれを煮詰めるなどする。

＊＊トマトのパウダー：トマトを薄切りにして食品乾燥機で乾燥させ、ミルでパウダーにしたもの。

1　ミニトマトはすべて皮を湯むきする。そのままのものと、香味オイルに浸けたもの　トマトのコンソメに浸けたものの3種類を用意する。
2　1のトマトを1/2か1/4程度のくし形に切る。ホウズキも同様に切る。
3　直径12cmほどのセルクル型を器におき、その中に2のトマトとホウズキをバランスよく詰める。
4　アボカドを食べやすい大きさに切り、トマトのパウダーをまぶしつけ、3の隙間に盛り付ける。
5　セルクル型をはずし、ミント、ボリジの花、セルクル型で丸く抜いたバジルの葉、ペコロスを散らす。トマトのパウダー（分量外）をふる。

愛媛県産伝統野菜、絹かわなすのデクリネゾン

いろいろな表情のナスを楽しんでいただける一皿。
ナスは皮も含め捨てるところのない野菜。
使える調理法も幅広く、さまざまな形で表現できる。(武田)

ふわとろ長なすピリ辛炒め
「ふわとろ長」は、おいしい長ナス。その名のとおり実がふわっとしているが、密度もきちんとある。(西岡)

なす(あのみのり)の揚げ出し
みょうがやバジルなどの香味野菜をたっぷり添えるとおいしい。(西岡)

よだれ茄子
緑色が美しい翡翠ナス。素揚げし、よだれ鶏のたれ(四川だれ)をかけた。(西岡)

愛媛県産伝統野菜、絹かわなすのデクリネゾン

「絹かわなす」は、愛媛県西条地区で、古くから栽培されてきた在来種。
皮も実もやわらかく、アクも少ない。(武田)

材料(1人分)
焼きナスのピュレ
  ナス(「絹かわなす」)　1個
  ニンニクオイル(ニンニクの香りを移したサラダ油)
    適量
  塩、タイム　各適量
ナスサラダ
  ナス(「絹かわなす」。縦にスライスしたもの)　10枚
ナスチップ(＊)　2枚
ナスのアイスクリーム(作りやすい量)
  アングレーズソース(＊＊)　300cc
  焼きナスのピュレ(下記の作り方1～3と同様に作った
    もの)　150g
焼きナスパウダー(＊＊＊)　適量

1　焼きナスのピュレ：ナスは丸のまま、ニンニクオイル、タイム、塩をまぶしつけ、200℃のオーブンで火を入れる。
2　1の粗熱をとり、スプーンで中身をとり出す。
3　2の中身を鍋に入れて火にかけ、水分を飛ばしてピュレにする。
4　ナスサラダ：ヘタを切り落としたナスを縦に薄くスライスし、バットに並べ、スチームコンベクションオーブンのスチームモード100℃で火を入れる。
5　ナスのアイスクリーム：アングレーズソースと焼きナスのピュレを合わせてパコジェットのビーカーに入れて冷凍し、パコジェットにかける。
6　皿に、3の焼きナスのピュレとナスチップを敷き、4のナスを丸めて盛り付ける。5のナスのアイスクリームを抜いてのせ、焼きナスパウダーをふる。燻製香をつけた煙を充満させた器をかぶせ、客前で開ける。

＊ナスチップ：焼きナスのピュレ(左記の作り方1～3と同様に作ったもの)を鍋に入れ、焼きナスパウダー(下記＊＊＊)、コーンスターチを加えて火を入れる。粗熱をとり、オーブンシートに薄く、適当な大きさの円形にのばし、低温のコンベクションオーブンで乾燥させる。

＊＊アングレーズソース

材料(作りやすい量)
牛乳　300cc
生クリーム　45cc
卵黄　80g
砂糖　30g
塩　2g

1　鍋に牛乳と生クリームを合わせ、沸騰寸前まで温める。
2　ボウルに卵黄を入れ、砂糖と塩を加えて泡立て器で白っぽくなるまでかき混ぜる。
3　2に1を加えながら、泡立て器で混ぜる。
4　3を鍋に戻し、弱火にかけ、ゴムベラで混ぜながら火を入れる。
5　とろみがついたら、裏漉してボウルに入れ、氷水につけて冷やす。

＊＊＊焼きナスパウダー：ナスの皮を食品乾燥機で乾燥させ、ミルでパウダーにしたもの。

なす（あのみのり）の揚げ出し

ナスは油との相性がよく、揚げ出しは定番。（西岡）

材料（1人分）
ナス（「あのみのり」）　1個
揚げ油　適量
A
： 日本酒　50cc
： 中国醤油（薄口）　大さじ1
： 塩　ひとつまみ
： 砂糖　小さじ1
B
： みょうが、紫蘇、スイート・バジル、ホーリー・バジル
： 各適量

1　ナスは縦4つ割りに切り、皮目に格子状の切り目を入れ、180℃の油で素揚げする。
2　Aを鍋に合わせて火にかけ、日本酒のアルコールが飛ぶまで熱する。
3　Bはせん切りにする。
4　1のナスを器に盛り、熱した2のたれをかけ、3をのせる。

ふわとろ長なすピリ辛炒め

味の濃さと食感のよさを、
両方兼ね備えているこのナスを活かして。（西岡）

材料（4人分）
長ナス（「ふわとろ長」）　2本
油通し用油（綿実油）　適量
生姜（針生姜）　40g
豆板醤　小さじ1
A
： 日本酒　大さじ3
： 中国醤油　小さじ1
： 塩　2つまみ
： 砂糖　大さじ2
ゴマ油　大さじ1

1　長ナスは、ヘタの部分を切り落とし、縦半分に切ってから乱切りにする。
2　1を油通ししておく。
3　油をあけた2の中華鍋に生姜と豆板醤を入れて混ぜ、2のナスを戻し入れて炒め、Aを加えて炒め合わせる。水分がある程度飛んだら、ゴマ油をまわし入れる。

よだれ茄子

翡翠ナスは、一般的な千両ナスにくらべると
皮がしっかりとし、実が詰まりなめらか。（西岡）

材料（2人分）
翡翠ナス　1個
四川だれ（＊）　大さじ2
万能ネギ（小口切り）　適量
揚げ油　適量

1　翡翠ナスは縦半分に切り、皮目に斜め格子状の切り目を入れておく。
2　1を素揚げし、ザルに入れ、蒸気の立った蒸し器に5分入れて蒸し、油抜きする。
3　2のナスを器に盛り、四川だれをかけ、万能ネギをかける。

＊四川だれ

材料（作りやすい量）
A
： 長ネギ（粗みじん切り）　2g
： 豆豉（みじん切り）　2つまみ
： 豆板醤　小さじ1
： 朝天トウガラシ（朝天辣椒・粉）　大さじ3
： 中国醤油（生）　大さじ5
： 黒酢　大さじ1½
綿実油（サラダ油）　100cc

Aの材料を耐熱のボウルに合わせておく。高温に熱した綿実油を注ぎ、泡立て器でよく混ぜ合わせる。

夏から秋へ
夏〜秋の素材を盛り合わせ、季節の移り変わりを表現した。
さまざまな味や食感が楽しめる。手でちぎった水ナスも、
ところどころにひそませている。(武田)

水茄子の浅漬けと鮑の酒蒸し
水ナスは、漬け物にするともち味が活きる。
ここでは食感の異なるアワビと合わせた。（秋山）

水茄子、メロン、白インゲン豆、
ムシャーメのピンキエーリ、ケシの実のタルト
水ナスはみずみずしく、味つけによってはフルーツに近づく。
メロンは逆に、熟れ方によっては野菜寄りにもなる。
香りにも共通するものがあり、すんなりとなじむ。（岩坪）

夏から秋へ（武田）

材料（1人分）
フルーツトマト　1½個
キュウリ　少量
水ナス　少量
白キクラゲ　少量
A（ピクルス液）
：米酢、塩、砂糖　各適量
：ニンニク（半割り）　1片
：タカノツメ　少量
サンマ　1尾
キヌア　適量
B
：オリーブ油、レモン果汁、塩、キュウリ（みじん切り）、
：　ディル（みじん切り）　各適量
緑オイル（＊）　少量
ビーツのピュレ（＊＊）　少量
ナスタチウム、ボリジの花　各少量
塩、トレハロース　各適量

＊緑オイル（作りやすい量）：パセリ2束とオリーブ油500ccをサーモミックスに入れ、90℃に熱しながらよく撹拌し、ほんの少量の塩と重曹を加えておく。これをベースとして、さまざまなオイルを作る。保存する場合は冷凍する（冷蔵だと変色する）。

＊＊ビーツのピュレ：ビーツをざく切りにして塩と砂糖を少量ふる。スチームコンベクションオーブンのスチームモード92℃でクタクタに火を入れ、ミキサーにかけてピュレにする。

1　サンマは三枚におろし、塩とトレハロースで3時間マリネする。
2　白キクラゲは戻し、Aのピクルス液を加えて真空パックにし、冷蔵庫に入れておく。
3　キヌアはゆでて水気を切り、Bを加えて混ぜ合わせる。
4　1の2枚の身で3のキヌアのサラダを挟み、ラップフィルムを巻いて円筒形に整え、冷蔵庫に半日おく。
5　フルーツトマトはくし形に切り、キュウリはスライサーで縦に薄くスライスし、渦巻き状に巻く。水ナスは皮をむき、手で小さくちぎる。
6　4を食べやすい大きさに切り、ラップフィルムをはずし、5とともにバランスよく器に盛り込む。2の白キクラゲのピクルス、ビーツのピュレ、緑オイル、ナスタチウム、ボリジの花を添える。

水茄子の浅漬けと鮑の酒蒸し（秋山）

材料（4人分）
水ナス　2個
A（漬け地）
：水　200cc
：白醤油　100cc
：みりん　40cc
アワビ（酒蒸しにしたもの）　適量
溶きガラシ　少量
花穂紫蘇　少量

1　水ナスはヘタの部分を切り落とし、8等分のくし形に切る（なるべくセラミックの包丁で切る）。
2　Aを合わせて1の水ナスを漬け込む。ビニール袋などに入れてできるだけ空気を抜き（真空パックにしてもよい）、5時間冷蔵庫におく。
3　酒蒸しにしたアワビを食べやすい大きさに切り、2のナスと合わせて器に盛る。溶きガラシをソースディスペンサーでところどころに絞り、花穂紫蘇を散らす。

水茄子、メロン、白インゲン豆、ムシャーメのピンキエーリ、ケシの実のタルト

ムシャーメとケシの実のタルトで食感と香りのアクセントを加え、全体を引き締める。(岩坪)

材料

白インゲン豆のエスプーマ（作りやすい量）
- 白インゲン豆（乾燥） 500g
- 昆布 50g
- 玉ネギ 1個
- ニンニクオイル（p.17参照） 適量
- E.V.オリーブ油、塩 各適量

ケシの実のタルト（作りやすい量）
- ブリゼ生地
  - 薄力粉 500g
  - グラニュー糖 15g
  - 塩 10g
  - 卵黄 2個
  - 無塩バター（1～2cm角に切り、冷蔵庫で冷やしておく） 325g
  - 牛乳 100g
- ケシの実 適量
- 卵黄 適量
- 打ち粉（強力粉） 適量

水ナス 適量
メロン 適量
ムシャーメ 適量
塩、E.V.オリーブ油 各適量

白インゲン豆のエスプーマ

1 白インゲン豆はたっぷりの水に、昆布50gは3ℓの水に、それぞれ一晩浸けておく。

2 1の昆布と水をそのまま火にかけ、沸く寸前で火を止め、20分おいて漉し、昆布だしをとる。

3 1の白インゲン豆はザルにあけ、鍋に移してニンニクオイルを加えて火にかけ、しばらくなじませたら、芯を残して（後からとり出しやすいように）大きめに切った玉ネギと、2の昆布だしを加える。沸いたらアクをすくい、弱火にしてE.V.オリーブ油を加え、豆がやわらかくなるまで煮る。

4 玉ネギはとり出し、豆と煮汁に分ける。それぞれを計量し、豆の量の1.5倍になるよう煮汁の量を調整する（味をみて、水か昆布だしを加える）。

5 4の豆と煮汁を合わせてミキサーでなめらかになるまで回し、冷ましながら塩で味を調える。エスプーマ用のサイフォンに入れておく。

ケシの実のタルト

6 ブリゼ生地の材料をすべて合わせてフードプロセッサーにかけ、まとまったらラップフィルムで包み、冷蔵庫に入れて生地を締める。

7 オーブンシートに打ち粉をし、6の生地を麺棒でのばしてピケローラーでピケする。

8 再び冷蔵庫に入れて生地を締め、卵黄と水を同量ずつ合わせたものをハケで全体に塗る。ケシの実をまんべんなくふり、網で重石をして160℃のオーブンで約12分焼く。

仕上げ

9 水ナスと皮をむいたメロンは2～2.5cm角に切り、ボウルに合わせて塩とE.V.オリーブ油で調味する。

10 ムシャーメは薄くスライスしておく。

11 グラスに水ナスとメロンを5：3の割合で盛り入れ、5の白インゲン豆のエスプーマを、具材が隠れるまでかける。E.V.オリーブ油を少量かけ、10のムシャーメをのせる。8のケシの実のタルトを適当な大きさに割り、グラスの横に添える。

賀茂茄子の軽い田楽
蒸した賀茂ナスにデラウエア入りの玉味噌を合わせ、
揚げた湯葉やナッツで油分と食感を加えている。（秋山）

吉川なすの網焼き　アワビ、オクラペースト
みずみずしくてアクの少ない吉川ナスを焦げ目がつくまで焼いて、
熱々の中身を食べていただく。（永田）

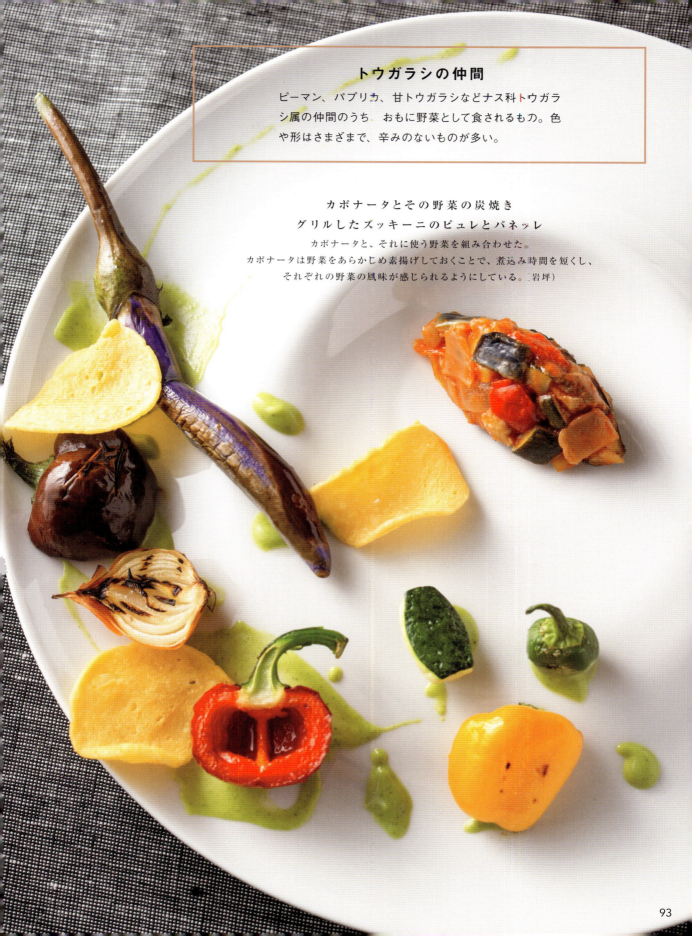

トウガラシの仲間

ピーマン、パプリカ、甘トウガラシなどナス科トウガラシ属の仲間のうち、おもに野菜として食されるもの。色や形はさまざまで、辛みのないものが多い。

カポナータとその野菜の炭焼き
グリルしたズッキーニのピュレとパネッレ

カポナータと、それに使う野菜を組み合わせた。
カポナータは野菜をあらかじめ素揚げしておくことで、煮込み時間を短くし、
それぞれの野菜の風味が感じられるようにしている。(岩坪)

賀茂茄子の軽い田楽

賀茂ナスは揚げて食べることが多いが、よりライトに食べていただきたいと考えた一品。外国人のお客様に特に人気のある料理。（秋山）

材料（4人分）
賀茂ナス　1個
ブドウ（デラウエア）　適量
白玉味噌（または西京味噌）　大さじ3
カシューナッツ　適量
糸湯葉　適量
青柚子皮　少量
柚子コショウ　適量
塩、揚げ油　各適量

1. 賀茂ナスは皮をむいて8等分のくし形に切り、塩水に3～4分浸ける。
2. 1の水分をとり、蒸し器で7分蒸して、冷蔵庫に入れて急冷する。
3. 玉味噌の中に、デラウエアをプチプチと手でむいて落とす（果汁も一緒に入れることで、味噌がマイルドになる）。
4. カシューナッツをローストし、細かく刻む。
5. 糸湯葉を油で揚げる。
6. 冷えた2の賀茂ナスを、食べやすく半分に切って器に盛り、3のデラウエア味噌をかけ、4のカシューナッツ、5の揚げ湯葉をのせて、すりおろした青柚子の皮をふり、柚子コショウを添える。

吉川なすの網焼き　アワビ、オクラペースト

吉川ナスのおいしい食べ方を探していろいろと試し、行き着いた方法。（永田）

材料（2人分）
吉川ナス　1個
アワビ　1個
塩、日本酒　各少量
A
　オリーブ油　40cc
　バルサミコ酢　20cc
オクラのペースト（作りやすい量）
　丸オクラ　10本
　板ゼラチン　1枚（3g）
　塩　少量
ディルの花、岩塩　各少量

1. 吉川ナスは縦半分に切り、網にのせて両面を焼く。
2. アワビはバットにのせて少量の塩と酒をふり、蒸気の上がった蒸し器に入れて3時間蒸す。冷ましてから身をとり出し、肝をはずす。
3. 2の肝を裏漉してボウルに入れ、Aのオリーブ油とバルサミコ酢を加えて混ぜ合わせ、食べやすく切り分けたアワビの身を和える。
4. オクラのペースト：丸オクラをゆでてヘタを切り落とし、小口切りにする。少量の水と塩、戻したゼラチンを加えてミキサーにかけ、ペースト状にする。
5. 1を切り口を上にして皿にのせ、上に3のアワビと4のオクラのペーストをのせ、ディルの花を散らす。まわりに岩塩を散らす。

[吉川ナス]
福井県鯖江市の旧吉川村一帯を中心に、古くから作られてきたナス。一時消滅の危機にあったが、現在は鯖江市伝統野菜等栽培研究会により継承されている。

カポナータとその野菜の炭焼き
グリルしたズッキーニのピュレとパネッレ

シチリアのストリートフードであるパネッレを添えて、食感にアクセントを加えた。（岩坪）

材料
カポナータ（作りやすい量）
- シチリアナス　4個
- カラブリアトウガラシ（＊＊）　10個
- 黄パプリカ　2個
- ズッキーニ　3本
- 玉ネギ　1個
- エストラット（＊）　50g
- タイム　適量
- ニンニクオイル（p.17参照）　適量
- 塩　適量
- 揚げ油　適量

ズッキーニのピュレ（作りやすい量）
- ズッキーニ　2本
- ジャガイモ（「メークイン」）　50g
- ニンニクオイル（p.17参照）、塩、
   E.V.オリーブ油　各適量

パネッレ（作りやすい量）
- ヒヨコ豆の粉　180g
- 水　650cc
- 塩　6g
- 揚げ油　適量

炭焼き野菜
- ピノキオナス（＊＊）、島らっきょう、ティンカーベル（＊＊）、カラブリアトウガラシ、ミニパプリカ、ズッキーニ　各適量
- オリーブ油、塩　各適量

＊エストラット：エストラット・ディ・ポモドーロ。トマトピュレを天日干しにして濃縮した製品。

＊＊ピノキオナス、甘トウガラシの一種であるティンカーベルやカラブリアトウガラシは、いずれもミニサイズの野菜（名称は生産者〈エコファーム・アサノの浅野氏〉による商品名）。

カポナータ
1　野菜はすべて1.5cm角に切る。それぞれ素揚げして、塩をふる。
2　鍋にニンニクオイル、エストラット、ごく少量の水を入れてエストラットを煮溶かす。タイムを入れ、香りを移す。
3　2に1の野菜を入れて軽く煮る。

ズッキーニのピュレ
4　ズッキーニを縦4つ割りにする。表面にニンニクオイルを塗り、切り口の面をグリルする。
5　ジャガイモの皮をむき、スライスする。鍋に入れ、浸る程度の水、塩、E.V.オリーブ油を加えてゆでる。
6　4を適当に切り、5の鍋に加えてなじませる。
7　6をすべてミキサーで回し、塩で味を調える。

パネッレ
8　鍋に分量の水と塩を合わせて沸かし、ふるったヒヨコ豆の粉を入れて、泡立て器で混ぜる。蓋をして、200℃のオーブンで20分煮る。
9　とよ型（長さ30.5cm、幅6cm、高さ4cm）に流し、冷ます。冷めたら型からとり出し、2mm厚さにスライスする。
10　180℃の油で揚げる。

炭焼き野菜
11　ピノキオナスは、多めのオリーブ油でソテーし、備長炭であぶり、塩をふる。
12　その他の野菜は一口大に切り、備長炭で焼き、塩をふる。

盛り付け
13　3のカポナータをクネルにして皿の中央に盛る。皿の左半面に、7のズッキーニのピュレ、11、12の炭焼き野菜、10のパネッレを盛り付ける。

[ピノキオナス]

[ティンカーベル]　　[ミニパプリカ]　　[カラブリアトウガラシ]

白ピーマンの青椒牛肉絲(チンヂャオニュウロウスー)

白ピーマンは普通のピーマンよりやや硬めで、
青臭さや苦みは少ない。(西岡)

材料(2人分)
白ピーマン　1個
黒毛和牛肉(イチボ)　50g
A
⁝日本酒　大さじ1
⁝片栗粉　少量
⁝塩　少量
油通し用油(綿実油)　適量
B
⁝日本酒　大さじ2
⁝塩　ひとつまみ
ゴマ油　大さじ1/2

1. 白ピーマンは、ヘタ側を少し切り落とし、種とスジを除き、縦にせん切りにする。
2. 牛肉は繊維に逆らってせん切りにし、Aを加えて混ぜ合わせる。
3. 2は低温の油で油通しし、1は高温の油で油通しする。
4. 油をあけた3の中華鍋に3の牛肉と白ピーマンを入れ、Bの日本酒と塩を加えて炒め合わせる。少し煮詰まったら、ゴマ油を加えて混ぜ、器に盛る。

白ピーマン

甘唐辛子と豚肉の青椒肉絲(チンヂャオロウスー)

ピーマンを甘トウガラシに替えて作ったチンジャオロースー。
野菜と肉の厚さや大きさをそろえておくことがポイント。(西岡)

材料(2人分)
甘トウガラシ　6〜8本
豚バラ肉(スライス)　80g
油通し用油(綿実油)　適量
A
　日本酒　大さじ2
　塩　2つまみ
　白コショウ　少量
ゴマ油　大さじ1/2

1　甘トウガラシは、ヘタ側を少し切り落として縦半分に切り、種を掃除した後、斜め3、4等分に切る。
2　豚バラ肉は、繊維に沿って細切りにする。
3　1を油通しする。
4　油をあけた3の中華鍋に、2を入れて炒める。3の甘トウガラシを戻し入れ、Aを加えて炒める。水分がある程度飛んだら、ゴマ油をまわし入れて仕上げる。

甘トウガラシ

ウリ科の野菜

夏に旬をむかえるウリ科の野菜。多くは巻きヒゲをもつつる性の植物である。（※写真は本書中の料理に使用したウリ科の野菜の一部）

キュウリ

多くの品種がある。白イボ系と黒イボ系、一部にシベリア系（実が太く短い品種）があるが、現在流通しているものの多くは白イボ系である。品種改良や促成栽培により通年出回るが、本来の旬は夏である。

[四葉キュウリ] （スウヨウ）
白イボ系の中国華北系品種。皮は薄く歯切れがよく、おいしいキュウリ。表面にしわが寄り、イボが尖っているのが特徴。「四川キュウリ」は四葉系キュウリの改良品種である。

[白キュウリ]
皮が白いキュウリ。形や大きさは、普通の白イボキュウリと変わらない。クセはなく、さっぱりとした味。

[加賀太キュウリ]
シベリア種に近い、太キュウリ。加賀野菜のひとつに認定されている。直径は6〜7cmほどで、重さが600〜800gほどになる。果肉はやわらかく、加熱料理にむいている。

ヘチマ
若い実が食用にされる。皮をむけば実はやわらかく、独特の風味がある。汁物や煮物、炒め物などにして食べられる。沖縄料理の味噌味の蒸し煮、ナーベラーンブシーが有名。

白ウリ
日本では1000年以上昔から栽培されていたという。各地にさまざまな品種がある。淡白な味でクセもないため、漬け物などにするのが一般的である。

カボチャ

日本で栽培されているものは、日本カボチャ、西洋カボチャ、ペポカボチャに分けられる。日本カボチャは、日本には16世紀に渡来し古くから栽培されているもので、表面に溝やこぶがあるのが特徴。西洋カボチャは19世紀後半に渡来し、広く各地で栽培されるようになったもの。甘みとホクホクとした食感が特徴。ペポカボチャはかつて観賞用にされることが多かったものが、食用にもされるようになったもの。金糸ウリやズッキーニもこの仲間。

[江戸崎かぼちゃ]

[ダークホース]

金糸ウリ

西洋カボチャの一種。ソウメンカボチャ（素麺南瓜）、イトカボチャ（糸南瓜）とも呼ばれる。いずれも、ゆでてほぐした果肉が糸状になるところからの呼び名。甘みはあまりなく、あっさりとした味わい。

ズッキーニ

ペポカボチャの一種。未成熟の果実および花を食用にする。緑色のものと黄色いものがある。日本では長いタイプが一般的だが、球形や円盤形のものなどもある。

白胡瓜と四葉胡瓜、白いかの豆豉炒め

白キュウリはクセがなく、生でももちろん食べられるが、炒めたほうがもち味が活きる。四葉キュウリは逆に青臭く、その対比がおもしろい。相性のよい豆豉炒めに。(西岡)

材料(4人分)
白キュウリ　1本
四葉キュウリ　1本
白イカ　半身
A
：綿実油(サラダ油)　大さじ2
：豆板醤　小さじ1
：豆豉(みじん切りにしたもの)　2つまみ
B
：日本酒　大さじ3
：塩　少量
：鶏スープ(p.34参照)　大さじ2
水溶き片栗粉　少量
ゴマ油　大さじ1

1　白キュウリと四葉キュウリは、頭の部分の皮をむき、乱切りにする。
2　白イカは鹿の子に包丁目を入れ、一口大の斜め切りにし、さっと湯に通しておく。
3　中華鍋にAの綿実油を入れて熱し、豆板醤、豆豉を入れて熱し、1のキュウリを入れて炒める。Bを加え、2のイカを入れて炒め合わせ、水溶き片栗粉を加え、火を止めてゴマ油をまわし入れる。

四葉キュウリのサラダ アジのマリネと生ハム、緑のガスパチョ添え
スウヨウ

歯応えのある四葉キュウリを存分に味わっていただくための一皿。このキュウリが
届いたときにだけ作る。キュウリやピーマンなどは、丸ごと食べておいしい野菜。
歯応えのあるものを「噛む」ことも、おいしさの重要な要素だと思う。(永田)

材料（1人分）
四葉キュウリ（ビオファームまつき）　1本
アジ（三枚におろした身）　1/2枚
塩、酢　各適量
ドレッシング（p.107参照）　適量
イベリコ豚の生ハム　適量
A（ガスパチョパウダー）
　キュウリ3：ピーマン2：セロリ1の割合で適量
　エシャロット　1個
　青紫蘇　5枚
　トマトのジュース（*）　適量
パンプルネル、ヤロー　各少量

＊トマトのジュース：トマトをオーブンで温めてか
らミキサーにかけ、さらしを敷いたシノワにあけて
冷蔵庫に一晩おき、自然に落ちる汁をとったもの。

1　アジは全体に塩をして、冷蔵庫に6時間ほどおいた後、酢で洗って締めアジにする。皮を引き、バーナーであぶり、食べやすい大きさに切る。
2　ガスパチョパウダー：Aの材料をすべてパコジェットのビーカーに合わせ、冷凍庫で凍らせる。
3　四葉キュウリに塩とドレッシングをまぶして器に盛り、脇に1のアジを添え、イベリコ豚の生ハムと、パコジェットにかけた2のガスパチョパウダー、パンプルネル、ヤローをのせる。

江戸伝統野菜、半白胡瓜と甘海老

キュウリはピクルス液と合わせて真空パックで即席のピクルスにすることにより、本来の味や食感が楽しめるようにしている。(武田)

材料(1人分)
半白キュウリ(「馬込半白節成胡瓜」*)　1本
A(ピクルス液)
　米酢、塩、砂糖　各適量
　ニンニク(薄切り)　少量
　タカノツメ　少量
甘エビ　2本
オリーブ油　適量
キュウリの花　少量
フェンネルの花　少量
ミント　少量
菜種油パウダー(次頁作り方4参照)　適量
レモンのクーリ(**)　少量

*馬込半白節成胡瓜
「江戸東京野菜」のひとつに認定されている。茎についている側の皮が緑色で、下にいくにしたがい白くなっている。皮は硬めで水分がやや少ない。

1　半白キュウリは皮をむき、厚めの輪切りにし、ピクルス液を加えて真空パックにしておく。
2　甘エビは殻をむき、オリーブ油でマリネしておく。
3　2の甘エビを覆うように1のキュウリをはり付けて器に盛り、キュウリの花とフェンネルの花、ミントをのせる。菜種油パウダーと、レモンのクーリを添える。

**レモンのクーリ

材料(作りやすい量)
水　500cc
砂糖　250g
レモン　20個

1　レモンはスライスしておく。
2　分量の水と砂糖でシロップを作り、熱いうちに1を加えて再度沸かし、火からおろしてそのまま常温におく。粗熱がとれたら氷水にあて、冷蔵庫に入れておく。
3　2を漉して実＋皮と、液体に分け、種はとり除く。実と皮をミキサーに入れ、濃度を見て液体を加えながら撹拌する。

牡蠣の冷製 胡瓜とオイルのパウダー

夏の牡蠣料理。キュウリと菜種油で作る2種類のパウダーで、牡蠣がさっぱりと食べられる。(武田)

材料(1人分)
牡蠣　1個
キュウリ　1本
かつおだし　100cc
塩　少量
大根(7cm×4cmのスライス)　1枚
キャビア　10g
菜種油　大さじ3
マルトセック　適量
柑橘(文旦など)　少量
紫芽　少量
シーバックソーンパウダー(市販＊)　少量

＊シーバックソーン：ユーラシア大陸原産の、グミ科の植物。日本ではサジーとも呼ばれる。果実は多くの栄養素を含み、栄養価が高いところから、「スーパーフルーツ」とも呼ばれる。

1　牡蠣は殻からとり出してさっとゆで、氷水にとってよく冷やす。
2　キュウリはだしとともにミキサーでよく回し、塩で味を調えて、パコジェットのビーカーに入れて冷凍する。
3　大根のスライスでキャビアを巻き、円筒形に整える。
4　菜種油にマルトセックを加えて泡立て器でかき混ぜ、パウダーにする。
5　2をパコジェットにかけ、パウダーにする。
6　牡蠣の殻に1の牡蠣を盛り、上に4と5を二分ずつきれいにのせる。中央に3をのせ、その上に、ちぎった柑橘の果肉と紫芽をのせ、シーバックソーンパウダーをふりかける。

胡瓜のスパッツェレ フィオッコ・ディ・サウリス、熟成アジアーゴ、ベビーコーン、パンプルネル

スパッツェレはいろいろな野菜で作るが、
キュウリを使ってみたところ、なかなかおいしい仕上がりに。
キュウリの香りのするハーブ、パンプルネルも合わせた。（岩坪）

パンプルネル（サラダバーネット）

ズッキーニのフリット アオヤギ、
ズッキーニのソースとソルベ
ズッキーニづくしの一皿。
酸味のあるシトロンヴィネガーソースを合わせた。(永田)

ズッキーニ 赤座海老のビスク仕立て
アカザエビの頭や殻で作ったビスクに、
ズッキーニを合わせた。(西岡)

和牛のローストビーフとズッキーニ
ズッキーニの色や形を活かし、トマトの赤と
クレソンの緑を加えて彩りよく。(秋山)

胡瓜のスパッツェレ フィオッコ・ディ・サウリス、熟成アジアーゴ、ベビーコーン、パンプルネル

味のメリハリをつけるために、熟成アジアーゴやフィオッコ・ディ・サウリスを少量加えている。(岩坪)

材料
キュウリのスパッツェレ(作りやすい量)
- キュウリ　400g
- 00粉　200〜300g
- 塩　適量
- A
  - 卵　2個
  - 塩　4g

キュウリ　適量
ベビーコーン　適量
フィオッコ・ディ・サウリス(サウリス産の生ハム)　適量
アジアーゴ・チーズ(18ヵ月熟成)　適量
パンプルネル　適量
無塩バター　適量
パルミジャーノ・レッジャーノ・チーズ(すりおろしたもの)　適量
塩　適量

1. キュウリのスパッツェレ：キュウリを5mm厚さの半月切りにし、塩ゆでする。水気を切ってミキサーにかけ、Aの卵と塩を加える。ボウルに移し、00粉を加えて泡立て器で混ぜ合わせる。
2. 塩を加えて沸騰させた湯に、1の生地を専用の器具(グラトゥジャ・ペル・スパッツェレ)を使って落とし入れながらゆで、水気を切る。
3. キュウリは8mm角に切り、塩ゆでする。ベビーコーンは塩ゆでし、8mm幅に切る。
4. フィオッコ・ディ・サウリスはスライスし、ちぎっておく。アジアーゴは2mm厚さにスライスし、二等辺三角形に切る。
5. 無塩バターを溶かした鍋に、2のスパッツェレと3を入れて和える。パルミジャーノ・チーズ少量と塩で味を調える。
6. 5を器に盛り、4とパンプルネルを散らす。

ズッキーニ 赤座海老のビスク仕立て (西岡)

材料(4人分)
ズッキーニ(大)　1本
アカザエビのビスク(＊)　180cc
ミモレット・チーズ(すりおろしたもの)　適量
フェンネルの花　適量

1. ズッキーニは両端を切り落とし、縦半分に切って、それぞれ4等分に切り、蒸気の立った蒸し器に入れて15分蒸す。
2. 1のズッキーニ2切れを1人分として器に入れ、沸かしたアカザエビのビスク1人分45ccをかけ、ミモレット・チーズをふり、フェンネルの花をのせる。

＊アカザエビのビスク

材料(作りやすい量)
アカザエビの殻　20本分
玉ネギ　2個
ニンジン　1本
セロリ　1本
ニンニク　30g
オリーブ油　大さじ5
A
- トマト水煮(缶詰)　200g
- ブランデー　700cc
- パプリカパウダー　30g

生クリーム　適量(アカザエビのだしの1/2量)

1. アカザエビの殻は、210℃のオーブンで30分焼いて、砕く。
2. 玉ネギ、ニンジン、ニンニクは薄切りにし、セロリは葉をとり除いて小口切りにする。
3. 鍋にオリーブ油をひき、2の野菜を入れて焦げ目がつくまで炒める。
4. 3に1の殻、Aと水4ℓを加えて1時間30分煮る。シノワで漉して、鍋に入れ、1/2量になるまで煮詰める。
5. 煮詰めた4のだしに対し、1/2量の生クリームを合わせる。

ズッキーニのフリット アオヤギ、ズッキーニのソースとソルベ（永田）

材料（2人分）
ズッキーニのフリット
：ズッキーニ　1本
：薄力粉　適量
：ベニエ生地（p.151参照）　適量
：揚げ油、塩　各適量
アオヤギ（小柱）　適量
塩　少量
ドレッシング（作りやすい量）
：赤ワインヴィネガー　60cc
：塩　25g
：サラダ油　120cc
：ヘーゼルナッツ油　200cc
：※赤ワインヴィネガーと塩をボウルに入れてよく混ぜる。サラダ油とヘーゼルナッツ油を加え、ハンドブレンダーで混ぜ合わせる。
ズッキーニのスライス
：ズッキーニ、エシャロット（みじん切り）、塩、
：　ドレッシング（上記参照）　各適量
ズッキーニのソースとソルベ（作りやすい量）
：ズッキーニ　4本
：ツルムラサキ　10g
：牛乳　適量
：塩　少量
シトロンヴィネガーソース（市販のシトロンヴィネガーを、半量ほどに煮詰めたもの）　適量
オレガノ　少量

1　ズッキーニのフリット：ズッキーニは縦半分に切り、横に10cm幅ほどに切る。薄力粉を軽くつけてベニエ生地をつけ、160℃の油で揚げる。油を切り、塩をする。
2　アオヤギに少量の塩とドレッシングを加えて和え、1のズッキーニの平らな面にのせ、サラマンダーで軽く温める。
3　ズッキーニのスライス：ズッキーニをマンドリーヌで縦にスライスし、塩、エシャロット、ドレッシングで和える。
4　ズッキーニのソース：ズッキーニ4本の皮をむき、むいた皮とツルムラサキを合わせてゆで、水気を切り、ミキサーにかけて、裏漉す。
5　ズッキーニのソルベ：4のズッキーニの実を薄くスライスする。鍋に入れて水を少量加え、蓋をして火にかける。火が通ってきたら蓋を開けて水分を飛ばし、牛乳を加える。
6　5をミキサーに入れ、塩を少量加えて攪拌する。ソルベマシンにかける。
7　2を器に盛り、4のソースとシトロンヴィネガーソースを流す。3のズッキーニを丸めたものと6のソルベを添え、オレガノを散らす。

和牛のローストビーフとズッキーニ（秋山）

材料（4人分）
和牛内もも肉　300g
塩、オリーブ油　各適量
黄ズッキーニ　1本
花ズッキーニ　4個
フルーツトマト　1個
クレソン　1束
A
：オリーブ油、塩、スダチ果汁　各適量
和風たれ（p.231参照）　適量

1　ローストビーフを作る。牛肉に、重量に対し0.5%の塩をして一晩おく。
2　1を2等分に切り分けて真空用袋に入れて真空にし、スチームコンベクションオーブンのスチームモード59℃に入れ、芯温52℃になるまで加熱する。
3　2を袋からとり出し、オリーブ油をかけ、フライパンで両面を焼く。
4　黄ズッキーニは縦に薄く切り、塩ゆでし、氷水に落とす。
5　花ズッキーニはさっとゆでる。
6　フルーツトマトは皮を湯むきし、4等分のくし形に切る。
7　クレソンは食べやすい大きさにちぎり、Aで味つける。
8　4のズッキーニを器に敷き、3、5、6、7を盛る。牛肉の上から和風たれをかける。

ウリ科の野菜とカボスのキタッラ
いろいろなウリ科の野菜を組み合わせ、
味や食感の違いを楽しんでいただく。(岩坪)

蒸し鮑とその肝 テネルーミ、大豆、抹茶、ボルロッティ
テネルーミの葉は、揚げると少し海苔のような
香りも感じられ、アワビによく合う。(岩坪)

干瓢の手巻き
かんぴょうの原料は、ウリ科のユウガオの果実。
海幸、山幸のとり合わせであるかんぴょう巻きは、いちばん好きな巻き物。(秋山)

ウリ科の野菜とカボスのキタッラ

白ウリのピュレのぽってりとした印象が、
カボスを加えることにより
引き締められ、爽やかな香りも加わって
軽やかな仕上がりに。（岩坪）

材料（2人分）
キタッラ　60g
白ウリのピュレ
：長ネギ　20g
：白ウリ　150g
：オリーブ油　適量
：アサリのブロード（*）　30cc
：昆布だし　30cc
A
：ズッキーニ　20g
：加賀太キュウリ　20g
：ヘチマ　20g
：金糸ウリ　10g
カボチャの種　8粒
テネルーミ（p.111参照）　10g
ニンニクオイル（p.17参照）　適量
揚げ油　適量
オリーブ油、塩　各適量
ニンニク（つぶす）　1片
赤トウガラシ　適量
カボス（果汁、皮）　適量
E.V.オリーブ油　適量

＊アサリのブロード：砂抜きしたアサリを洗って鍋に入れ、かぶるくらいの水を加えて火にかける。3時間ほど煮出して（水分がなくなったら途中で水を足しながら）、リードペーパーで漉す。

1　白ウリのピュレ：長ネギを小口切りにし、オリーブ油でスュエする。
2　白ウリの皮をむいて半月切りにし、1に加える。アサリのブロードと昆布だしを注ぎ、やわらかくなるまで炊く。ブレンダーでピュレにする。
3　Aはすべて一口大に切り、ニンニクオイルでソテーする。
4　カボチャの種は160℃のオーブンでローストする。
5　テネルーミの茎は小口切りにし、ニンニクオイルでソテーする。葉は適当な大きさにちぎり、素揚げする。
6　フライパンにオリーブ油、つぶしたニンニク、トウガラシを入れて弱火にかける。ニンニクがキツネ色になったら、トウガラシとともにとり除く。
7　6に3を入れてオイルをからませた後、2のピュレを適量加える。
8　キタッラを4分塩ゆでし、水気を切って7に入れて煮からめ、塩、カボスの果汁、E.V.オリーブ油で味を調える。
9　8を器に盛り、4、5をのせ、カボスの皮をすりおろしてかける。

蒸し鮑とその肝　テネルーミ、大豆、抹茶、ボルロッティ

左記の料理にも使用しているテネルーミは、
日本ではあまり食べる習慣がないため、
農家の方にお願いし、作ってもらっている。（岩坪）

材料
黒アワビ　適量
テネルーミ（p.111参照）　適量
ボルロッティ（乾燥）　適量
玉ネギ　適量
おから　適量
抹茶パウダー　適量
かつおだし、塩、瀬戸内コラトゥーラ（魚醤）、
　ニンニクオイル（p.17参照）　各適量
揚げ油　適量
太白ゴマ油、オリーブ油、E.V.オリーブ油　各適量

アワビ
1　黒アワビの身の部分に塩をふってもみ、流水で洗い流す。スチームコンベクションオーブンのスチームモードで3分30秒蒸す（または蒸し器で蒸す）。
2　1の殻をはずし、身、肝、ヒモに分ける。
3　かつおだしに塩と瀬戸内コラトゥーラを加えて味を調え、2の身とヒモを浸し、ガストロパック（減圧加熱調理機）に入れて40℃で10分加熱し、一度圧を戻し、再び40℃で10分加熱する（ガストロパックがなければ、真空パックでもよい。その場合は真空パックにした後、50℃の湯に20分浸ける）。
4　3を冷ました後、冷蔵庫に5〜6時間おく。
5　4の身の両端の部分は角切りにし、残りは薄切りにし、すべてニンニクオイルでマリネする。
6　2の肝は7mm角に切り、フードドライヤー50℃で24時間乾燥させた後、ミルで回し、タミで漉す。

テネルーミ
7 テネルーミを茎と葉に分ける。
8 茎は小口切りにし、ニンニクオイルでスュエする。塩、瀬戸内コラトゥーラで味を調える。
9 葉は適当な大きさにちぎり、素揚げして、塩をふる。

大豆と抹茶のパウダー
10 おからを太白ゴマ油で煎り、塩で味を調える。
11 10に抹茶パウダーを加え、タミで漉す。

ボルロッティのピュレ
12 ボルロッティを水に一晩浸けておく。
13 玉ネギは、一口大に切る。
14 ザルで12の水を切り、オリーブ油をひいた鍋で軽く煎り、13と適量の水を加えて煮る。
15 やわらかくなったら、水分がボルロッティの1/4ほどの高さになるまで、更に煮詰める。塩で味を調える。
16 15をミキサーで回し、E.V.オリーブ油を加えて乳化させる。

盛り付け
17 皿に16のボルロッティのピュレを丸く敷き、8のテネルーミの茎を散らす。11の大豆と抹茶のパウダーをふりかける。上に5のアワビの角切りを1個と薄切りを4枚を盛り、E.V.オリーブ油を多めにかける。9のテネルーミの葉をのせ、6の肝のパウダーをふりかける。

干瓢の手巻き

かんぴょう煮は甘みを抑え、
食感を残すことで大人のかんぴょう巻きに。（秋山）

材料（作りやすい量）
かんぴょう　50g
薄口醤油　10cc
A
　かつおだし　800cc
　濃口醤油　160cc
　みりん　60cc
酢飯　適量
焼き海苔　1枚
わさび（すりおろし）　少量

1 かんぴょうは水に浸けて戻す。
2 1の水気を切って鍋に入れ、新たにかぶるくらいの水と薄口醤油10ccを加えて火にかけ、20分ゆでる。
3 2を水洗いして絞り、Aを合わせた鍋に入れて20分炊く。
4 焼き海苔は4等分に切る。
5 酢飯を作り、にぎり寿司状ににぎる。
6 3のかんぴょうを酢飯の長さに合わせて切り、少しずらしながら2～3枚重ねて5の上にのせる。
7 器に4の海苔を敷いて6をおき、おろしわさびをのせる。食べるときに海苔でくるむ。

テネルーミ
ズッキーニ・ルンゲの茎と葉の部分。南イタリアで、夏場にスープやパスタなどにしてよく食べられる。

かんぴょう
ウリ科のユウガオの果実（ふくべ）をひも状に削り、天日で干して乾燥させた食品。栃木県の特産品。

**南瓜のスープ
炙り帆立 キャビア ギャバpop**
カボチャの甘みを活かしてスープに。カボチャの
自然な甘みは、ホタテやウニとも相性がいい。(秋山)

南瓜と皮付き豚ばら肉の煮込み
砂糖を加えて作るカボチャの煮物とは、
また違ったおいしさ。上に散らしたフェンネルの花が、
味と香りのいいアクセント。(西岡)

緑竹

台湾原産のタケノコで、夏に旬をむかえる。日本でも、鹿児島などで栽培されている。やわらかく、甘みがあってえぐみはなく、皮をむいてそのまま使える。

台湾緑竹の台湾バジル炒め
夏らしく、台湾バジル（九層塔）と合わせて炒め物に。（西岡）

南瓜のスープ
炙り帆立 キャビア ギャバpop

茨城県稲敷市特産の「江戸崎かぼちゃ」は、甘みが強く、実の詰まりもいい。スープにしても、炊いてもおいしい。(秋山)

材料(作りやすい量)
カボチャ(大。「江戸崎かぼちゃ」p.99参照)　1個
A
: 牛乳　30g
: ココナッツミルク　25g
: 昆布だし　適量(濃度調整のため)
: 砂糖　70g
: 塩　少量
ホタテ貝柱　1個(1人分)
生ウニ　適量
キャビア　適量
ディル　少量
米菓子のディスク(市販。「ギャバpop」)　1枚(1人分)

1　カボチャは種を除いて皮をむき、適当な大きさに切り、真空用の袋に入れて真空にする。
2　1をスチームコンベクションオーブンのスチームモード90℃で、4時間蒸す。
3　2が冷えたら、ミキサーにかけてペースト状にする。
4　3のペースト1kgにAを加えてミキサーで攪拌し、味を調える。
5　ホタテ貝柱は網にのせて焼く。
6　器に4のカボチャのスープをはり、5のホタテ、ウニ、キャビアを盛り付けディルをのせる。米菓子のディスクを添える。

南瓜と皮付き豚ばら肉の煮込み

「ダークホース」は粉質が強く、ホクホクした食感がおいしいカボチャ。煮崩れも少なく使いやすい。(西岡)

材料(4人分)
カボチャ(「ダークホース」p.99参照)　1/2個
キントア豚バラ肉(皮付き。塊＊)　300g
揚げ油　適量
綿実油(サラダ油)　大さじ2
長ネギ　5cm
生姜　小1片
A
: 日本酒　360cc
: 中国醤油　少量
: フェンネルシード　少量
鶏スープ(p.34参照)　適量
塩　少量
フェンネルの花　少量

＊キントア豚：バスク豚。

1　カボチャは種をとり除き、硬い部分の皮をむき、縦横4等分の16個に切り分け、素揚げする。
2　豚バラ肉は、2cm角に切る。長ネギと生姜は塊のまま包丁の腹で叩き、香りが出やすくしておく。
3　鍋に綿実油を入れて火にかけ、長ネギと生姜を入れて炒める。香りが出たら2の豚肉を入れて炒め、1のカボチャを入れる。Aを加え、鶏スープをひたひたに注ぎ、塩を加え、蓋をして1時間ほどコトコトと煮る。
4　器に盛り、フェンネルの花を散らす。

台湾緑竹の台湾バジル炒め

えぐみのない台湾緑竹は、生でも食べられる。もちろん炒めても煮込んでもおいしい。(西岡)

材料(4人分)
台湾緑竹(台湾産)　2個
台湾バジル(九層塔。葉)　20枚ほど
揚げ油　適量
A
　日本酒　大さじ5
　コラトゥーラ(イタリアの魚醤)　小さじ1
　鶏スープ(p.34参照)　大さじ5
水溶き片栗粉　適量
ゴマ油　大さじ2

1　台湾緑竹は皮をむき、8等分のくし形に切り、素揚げする。
2　台湾バジルの葉も素揚げする。
3　油をあけた2の中華鍋に、1の台湾緑竹を戻して炒め、Aを加える。水溶き片栗粉を加えて2の台湾バジルを入れ、最後にゴマ油を加える。

ちしゃとうと黒あわびのスープ

チシャトウは薄く切ると香りが出やすい。(西岡)
[写真p.116]

材料(1人分)
チシャトウ　30g
黒アワビ(殻付きのまま酒と昆布を加えて2時間蒸し、
　　身をとり出し、スライスしたもの)　30g
金華ハムのコンソメ(＊)　90cc
コラトゥーラ(イタリアの魚醤)
　　スプレーで2プッシュ(1cc)

1　チシャトウは皮をむき、縦半分に切った後、薄切りにする。
2　金華ハムのコンソメと黒アワビを合わせて沸かす。
3　1を器に入れておき、2を注ぐ。コラトゥーラを2プッシュ吹きかける。

＊金華ハムのコンソメ

材料(作りやすい量)
金華ハム(5cm角に切る)　600g
鶏挽き肉　1.5kg
水　4ℓ
昆布　30g
日本酒　3合
長ネギ(青い部分や皮、根など)、生姜(皮など)　各適量

すべての材料を混ぜ合わせ、100℃の蒸し器で4時間蒸す。上澄みをお玉ですくいながら静かに漉す。

台湾バジル
(チュウツォンター)
(九層塔)
ホーリー・バジルの近縁種。
台湾料理に使われる。

台湾緑竹

チシャトウ

チシャトウ

中国原産のキク科の植物。茎チシャ、茎レタス、ステムレタスなどとも呼ばれる。茎をおもに食べる。茎を細く裂いて乾燥させたものは「山くらげ」と呼ばれる。また、葉を利用する近縁のチシャもあり、この葉がサンチュである。

ちしゃとうと黒あわびのスープ
チシャトウは、火を通して使われることが多いが、
青い香りが夏を感じさせてくれるので、生で使うのもいい。(西岡) [作り方 p.115]

ウイキョウ

地中海沿岸部〜南ヨーロッパ原産のセリ科の多年草。英語名フェンネル(fennel)、フランス語名フヌイユ(fenouil)、イタリア語ではフィノッキオ(finocchio)という。若い葉や種子は、ハーブ、スパイスとして使われる。野菜として食されるのは肥大した鱗茎。

真蛸、ウイキョウ、檸檬のマルメッラータ、
パーネカラザウ
ウイキョウとタコとレモンは、
南イタリアではおなじみの組み合わせ。(岩坪)

ういきょうと砂肝の煮込み
ウイキョウは、中国でもよく使われる。
香りは特徴的だが、セロリほどクセがないので
料理の幅も広い。(西岡)

真蛸、ウイキョウ、檸檬のマルメッラータ、パーネカラザウ

サルデーニャの薄いパン、パーネカラザウを添えて、全体的にサルデーニャのイメージで。(岩坪)

材料
真ダコ　適量
赤ワイン　適量
塩　適量
ウイキョウのエスプーマ
　ウイキョウ　適量
　塩、グラニュー糖、E.V.オリーブ油　各適量
レモンのマルメッラータ
　レモン　適量
　グラニュー糖　適量
パーネカラザウ (作りやすい量)
　セモリナ粉　150g
　00粉　100g
　塩　5g
　E.V.オリーブ油　10g
　インスタントドライイースト　3g
　水　120g
　打ち粉 (セモリナ粉)　適量
E.V.オリーブ油　少量
フェンネルシード (ミルで回す)　少量
南蛮粉 (赤トウガラシの粉末)　少量

真ダコ

1　真ダコは一度冷凍する。解凍後、頭の内側を掃除し、流水でぬめりを洗い流す。ある程度ぬめりがとれたら、塩味を入れるくらいのイメージの量の塩で、2～3回塩もみして洗い、汚れをしっかり落とす。

2　1の水気を切ってバットに移し、少量 (タコの表面にいきわたるほど) の赤ワインをふりかけ、オーブンモード250℃に設定したスチームコンベクションオーブンに入れる。扉を閉めたらすぐに、コンビモード (スチーム60～70％) の90℃に設定を切り替える。1時間から2時間ほど経ったらとり出し、ラップをして10分ほど蒸らす。

3　2を冷まし、バットに出た液体とともに保存しておく。

※　タコは一度冷凍することにより、繊維が壊れてやわらかくなり、ぬめりもとれやすくなる。また、上記のようにして火を入れると、適度な噛み応えはあるが、やわらかくて歯切れのよい食感になる。

ウイキョウのエスプーマ

4　ウイキョウは葉をむしり、硬いスジはとり除く。できるだけ薄く、繊維を断つようにスライスする。

5　4を鍋に入れ、ひとつまみの塩とグラニュー糖、ひたひたの水、表面を覆う程度のE.V.オリーブ油を加えて火にかけ、蓋をしてクタクタになるまで煮る (強火→中火で)。

6　やわらかくなったら蓋をはずし、水分に濃度が出るまで強火で煮詰める。

7　ミキサーに移し、長めに回す。ザルにあけてボウルに漉し入れる。

8　氷にあてて冷ました後、塩、グラニュー糖、E.V.オリーブ油、水で味と濃度を調え、エスプーマ用のサイフォンに移して、冷やしておく。

レモンのマルメッラータ
9 使用するレモンのうちの半分の、皮の黄色い部分を薄くむきとる。
10 9の皮を2回ゆでこぼし、細かいみじん切りにしておく。
11 すべてのレモンの果肉をとり出し、種を除いて小さくカットする。皮は絞って果汁をとる。
12 果肉と果汁の重量を量り、総重量の10%分の果汁はとりおく。
13 残りの果汁と果肉をすべて鍋に合わせ、総重量の20%のグラニュー糖を加えて極弱火にかける（沸かさない）。濃度がついてきたら、10の皮と12でとりおいた果汁を加えて少しなじませ、冷ます。

パーネカラザウ
14 打ち粉以外の、パーネカラザウの材料をよく練り合わせる。ボウルに移してラップをし、発酵させる。
15 2倍ほどの大きさになったらガス抜きをし、再び発酵させる。
16 多めの打ち粉をしてパスタマシンに通し、1mmほどの厚さにのばしたら、表面にまんべんなくたっぷりと打ち粉をふり、半分に折り、その厚さよりほんの少しローラーの幅を狭くしたパスタマシンに通す。
17 オーブンシートを敷いた天板にのせ、210℃のオーブンに入れ、1分ほどして少し膨らんできたら、生地を裏返し、裏側を少し乾かす（約30秒）。
18 一度オーブンからとり出し、重なっていた生地をはがす。
19 180℃に温度を下げたオーブンに戻し、途中生地を返しながらほんのり色づくまで焼く（約2～3分）。

盛り付け
20 グラス容器に13のレモンのマルメッラータを、少量ずつ3点におき、8のウイキョウのエスプーマを絞り入れる。1.5cm角に切った3のタコを3つ右下に盛り、E.V.オリーブ油、フェンネルシード、南蛮粉を少量ずつかけ、適当な大きさに手で割った19のパーネカラザウを、グラス内側左上に立てかける。

ういきょうと砂肝の煮込み（西岡）

材料（作りやすい量）
ウイキョウ　2株
鶏砂肝　200g
オリーブ油　大さじ2
A
 日本酒　60cc
 鶏スープ（p.34参照）　120ccほど
 コラトゥーラ（イタリアの魚醤）　大さじ1
花椒（中国山椒）　少量

1 ウイキョウは根元の部分を少し切り落として除き、3mm幅のスライスにする。
2 砂肝は、まわりの膜などを掃除し、隠し包丁を入れておく。
3 フライパンにオリーブ油を熱し、1のウイキョウを入れて炒める。
4 3に油がなじんだら、2の砂肝を入れる。
5 砂肝に火が入ったら、Aを加え、水分がなくなるまで煮詰める。
6 器に盛り、花椒をミルで挽きかける。

ウイキョウ

オクラ

アフリカ北東部原産。未熟な果実を食用にする。独特の粘りが特徴。緑色で切り口が五角形のものの他、「丸オクラ」といわれる切り口が丸いもの、「紅オクラ」、「赤オクラ」と呼ばれる赤紫色のものなどもある。

オクラの腐乳炒め
腐乳の風味がオクラによく合う。
オクラはヘタの部分が苦いので、
ここを大きめに切りとって除くとよい。（西岡）

| オクラ | 紅オクラ | 丸オクラ |

オクラの花
花びらもオクラの風味
と粘りをもつ。

コチの昆布締め グリルした玉葱のピュレ、
赤ワインヴィネガーのジュレ、
AOPパウダー、オクラ、茗荷、タイム

グリルした玉ネギのピュレで香ばしさと甘みを、
AOPパウダーで、軽い油分とニンニクの風味を
ふわっと加えた。そして最後にオクラの花びら。
野菜の花は、その野菜の味がするので
おもしろい。（岩坪）

オクラの腐乳炒め

腐乳は日本酒と合わせてソース状にしておくと
使いやすい。コクはあるがくどさはなく、
小松菜、水菜、壬生菜などの葉物にもよく合う。
（西岡）

材料（1人分）
オクラ　8本
綿実油（サラダ油）　大さじ1
腐乳ソース（＊）　大さじ2
鶏スープ（p.34参照）　大さじ3
塩　少量
水溶き片栗粉　少量
ゴマ油　大さじ1/2

1　オクラはヘタの部分を切り落とし、斜め切りにする。
2　中華鍋に綿実油を熱し、1を入れて炒め、腐乳ソースを加えて炒める。鶏スープを加え、塩で味を調える。水溶き片栗粉を加え、火を止めてゴマ油をまわし入れる。

＊腐乳ソース

材料（作りやすい量）
腐乳（白）　1ビン
日本酒（煮切ったもの）　腐乳と同量

合わせてハンドブレンダーで撹拌する。または混ぜ合わせて漉す。

コチの昆布締め　グリルした玉葱のピュレ、赤ワインヴィネガーのジュレ、ＡＯＰパウダー、オクラ、茗荷、タイム

玉ネギはグリルしたものだけではコチに対して
強すぎたので、炒め煮にしたものを加えて
バランスをとった。（岩坪）

材料
コチの昆布締め
　コチ　適量（※1人分につき25～30g使用）
　板昆布　適量
　塩、トレハロース　各適量
玉ネギのピュレ
　玉ネギ（薄切り）　適量
　ニンニクオイル（p.17参照）　適量
　ピュア・オリーブ油　適量
　E.V.オリーブ油　適量
　塩　適量
赤ワインヴィネガーのジュレ（作りやすい量）
　赤ワインヴィネガー　40cc
　かつおだし　60cc
　ル・カンテンウルトラ　2g
AOPパウダー（アーリオオーリオ・パウダー。
　作りやすい量）
　ピュア・オリーブ油　100g
　ニンニク（薄切り）　1片分
　タイム　3枝
　タカノツメ（種を除き、輪切り）　1本分
　マルトセック　適量
オクラ　適量
みょうが　適量
赤ワインヴィネガー　適量
E.V.オリーブ油　適量
タイム（葉）　適量
オクラの花　適量
塩　適量
重曹　適量

コチの昆布締め
1. コチは三枚におろし、重量の1.2%の塩と、0.3%のトレハロースを全体にふる。1〜2時間ほどおいた後、出てきた水分をふきとり、昆布で挟んで冷蔵庫に入れ、1〜2日ねかせておく。味をみて、昆布をはずす。

玉ネギのピュレ
2. 玉ネギの半量は1cm厚さの輪切りにし、残りは薄切りにする。
3. 輪切りの玉ネギの表面にニンニクオイルを塗り、グリルパンで両面をグリルして火を入れ（火は強くしすぎない）。包丁で軽く刻んでおく。
4. 鍋にニンニクオイルとピュア・オリーブ油を同量ずつ合わせて多めに入れ、薄切りにした玉ネギを入れてスュエする。しんなりしてきたら3を加え、少量の水を足しながら、クタクタになるまで炒め煮にする。
5. 4をミキサーにかけてピュレ状にし、そのままミキサーを回しながらE.V.オリーブ油と水を加えて濃度を調整し、塩で味を調える。

赤ワインヴィネガーのジュレ
6. かつおだしを鍋に入れて火にかけ、80℃以上になったら沸かさないようにし、ル・カンテンウルトラを溶かし入れる。
7. 6を容器に移し、赤ワインヴィネガーを加えて、冷蔵庫で冷やし固める。

AOPパウダー
8. オリーブ油とニンニクを鍋に合わせて加熱する（温度を上げすぎないよう注意する）。ニンニクが薄く色づいたらタイムとタカノツメを加えて香りを移し、漉して冷ます。
9. 8のオイルをボウルに入れ、オイルの約50%の重量のマルトセックを用意し、泡立て器で混ぜながら少しずつ加えていく（しっかりとパウダー状になるように、マルトセックの量は加減する）。

野菜
10. オクラはヘタを掃除し、表面に塩をまぶししばらくおき、重曹入りの湯でゆでて、氷水に落とす。水気を切り、縦半分に切って斜め2mm幅にスライスする。
11. みょうがは下の部分を切り落として縦に薄切りにし、ボウルに移して全体に塩をふり、20〜30分おく。赤ワインヴィネガーを全体にふってよく混ぜる。ザルにあけ、ちょうどよい塩分になるまで流水で洗う。

盛り付け
12. 皿に5の玉ネギのピュレを薄く敷き、7の赤ワインヴィネガーのジュレを散らす。10のオクラと11のみょうがをE.V.オリーブ油と塩で和えてのせ、その上に、皮をむいて薄切りにした1のコチをのせ、少量のE.V.オリーブ油をコチの上にふりかける。9のAOPパウダーと刻んだタイムの葉、オクラの花びらを散らす。

トウモロコシ

世界各地で栽培され、用途によりさまざまな栽培品種が開発されている。食用の品種は甘味種(スイートコーン)で、実が黄色、白、それらが混ざったものがある。また、ヤングコーン(ベビーコーン)は、この生食用甘味種を若どりしたものである。

玉蜀黍のピュレ 胡麻豆富 トリュフ
トウモロコシの甘さと、トリュフのほろ苦さの組み合わせがおいしい。(秋山)

ベビーコーンとそのヒゲのソテー
秋田県白神山地のじゅんさいのフリッタータ、
毛蟹のラグー
ベビーコーンをおいしく食べていただきたいと考えた料理。
まず相性のよい卵を組み合わせ、
更にそれに合う毛ガニをプラスした。(岩坪)

ヤングコーンと車えび炒め
ヤングコーンは、夏の短い期間にしか出回らない
季節感の強い野菜。
旬の時季には上手に使いたい。(西岡)

玉蜀黍のピュレ 胡麻豆富 トリュフ

胡麻豆腐をひそませて、和洋折衷の一品に。(秋山)

材料(作りやすい量)
トウモロコシ 2本
A
: 牛乳 150cc
: 昆布だし 70cc
: 砂糖 12g
: 塩 ひとつまみ
胡麻豆腐(＊) 適量
黒トリュフ 適量

1 トウモロコシは皮をむいて、20分蒸す。熱いうちにラップフィルムを巻いておく。
2 1が冷めたら実を包丁で削りとり、ミキサーに入れてAを加えて攪拌し、ピュレ状にする。粗ければ裏漉す。
3 食べやすい大きさに切った胡麻豆腐を器に入れ、2のピュレをかけ、黒トリュフを削ってのせる。

＊胡麻豆腐

材料(作りやすい量)
白ゴマ(生) 500g
ミネラルウォーター 1600cc
吉野葛 195g
酒 150cc
塩 小さじ1

1 生白ゴマを水に一晩浸けておく。
2 1をザルにあけて水気を切り、ゴマをすり鉢に入れる。
3 2にミネラルウォーターを加え、30分まんべんなくすり混ぜる(牛乳のような液体ができ上がる)。
4 3を一度漉し、吉野葛、酒、塩を加えて再度漉す。
5 4を鍋に入れ、火にかけて木ベラでゆっくり混ぜ合わせてとろみをつけていく。
6 コシが出てきたら、力を入れて15分ほど混ぜ合わせる。流し缶に流し、氷水にあてて冷やし固める。

ヤングコーンと車えび炒め

生のヤングコーンはタケノコのような食感もあり、香りもいい。(西岡)

材料(2人分)
ヤングコーン(生) 10本
長ネギ 10cm
生姜(皮をむいて薄切りにしたもの) 10枚
車エビ(小) 12本
日本酒 適量
片栗粉 適量
油通し用油(綿実油) 適量
A
: 日本酒 大さじ3
: アサリスープ(＊) 大さじ3
塩 少量
太白ゴマ油 大さじ2

＊アサリスープ(作りやすい量):アサリ2kg、日本酒1ℓ、昆布10cm角を鍋に合わせて沸かし、日本酒のアルコールが飛んだら水1ℓを加える。再び沸騰したらアクをとり、網で漉す。

1 ヤングコーンは皮をむいてヒゲをとり除き、乱切りにする。
2 長ネギは5mm厚さの小口切りにする。
3 車エビは殻をむき、背に切り目を入れて背ワタを掃除する。日本酒で一度洗い、ザルで水気を切った後、新たに片栗粉と日本酒を加えて和える。
4 3を油通しする。
5 油をあけた4の中華鍋に、2のネギと生姜を入れて炒め、1のヤングコーンを入れる。Aを加え、4のエビを入れて炒め合わせる。塩を少量加え、最後に太白ゴマ油を加えて混ぜる。

ベビーコーンとそのヒゲのソテー 秋田県白神山地のじゅんさいのフリッタータ、毛蟹のラグー

ベビーコーンは、ヒゲも甘みがある。（岩坪）

材料

毛ガニのラグー（作りやすい量）
- 活毛ガニ　2ハイ
- 赤ワイン　140g
- トマトホール（ハンドブレンダーで崩しておく）　700g
- ソフリット（＊）　200g

皮付きベビーコーン　適量
無塩バター、塩　各適量

じゅんさいのフリッタータ
- じゅんさい（秋田県白神山地麓産）　適量
- 卵　適量
- 玉ネギのフォンドゥータ（＊＊）　適量
- パルミジャーノ・レッジャーノ・チーズ（すりおろし）　適量
- 塩、無塩バター　各適量

E.V.オリーブ油　適量

＊ソフリット：玉ネギ2：ニンジン1：セロリ1で用意し、すべてみじん切りにする。多めのオリーブ油とともにフライパンに入れ、少ししんなりするまで炒め、オーブンに入れる。水分が出たらまた火にかけて水分を飛ばす。コンロとオーブンを何度か行き来しながら2時間ほどかけて炒め煮にする。

＊＊玉ネギのフォンドゥータ：玉ネギをスライスし、オリーブ油でゆっくり長時間スュエしてクタクタにしたもの（あまり色づけないよう、途中で水分を少量ずつ足しながら調整する）。

毛ガニのラグー

1 鍋で毛ガニを煎り、火が入ったら足をもぎとる。すべて鍋に戻して赤ワインを加え、アルコールが飛んだら、トマトホール、ソフリットを加え、蓋をして180℃のオーブンで40～50分煮る。

2 1の毛ガニをとり出して身をほぐし、ミソもとり出す。殻は細かく切る。

3 2の殻を別鍋に入れ、殻が完全に浸る程度に水を加え、30分ほど煮て、シノワで漉す。少し煮詰めて水分を飛ばしておく。

4 3のだしに2のカニの身とミソ、1の煮汁を加え、火にかけてなじませる。

皮付きベビーコーン

5 ベビーコーンは皮をむき、ヒゲはとりおく。

6 5のベビーコーンは軸の硬い表皮を削り、バターでソテーして塩をふる。

7 ヒゲはバターと水、塩を入れたテフロンパンで、煮含める（1分以内で）。

じゅんさいのフリッタータ

8 卵を溶きほぐし、塩、パルミジャーノ・チーズ、玉ネギのフォンドゥータを加えて混ぜ合わせ、じゅんさいを加える。

9 テフロン加工のフライパンにバターを溶かし、8を入れて、やや半熟に焼く。

盛り付け

10 皿に6のベビーコーンをおき、9のじゅんさいのフリッタータを添えて、4の毛ガニのラグーをのせる。7のヒゲのソテーを上にのせて、E.V.オリーブ油をかける。

ヤングコーン（ベビーコーン）

枝豆・大豆

枝豆は、大豆の未熟種子をサヤ付きのまま収穫したもの。枝豆用の品種は春に種をまいて夏に収穫する夏大豆。各地で作られているが、生産量が多いのは千葉県、山形県、新潟県などである。

枝豆と紅玉のずんだ和え

枝豆で作るずんだはおいしいが、
味のトーンが一定でもある。
ここにリンゴの酸味を少し加えることで、
飽きずによりおいしく食べられる。（秋山）

**山形県産秘伝豆のエスプーマとアイスクリーム
蘇のパウダー**

山形の秘伝豆を、いろいろな形で
楽しんでいただく。（武田）

湯葉　大豆　木耳ご飯

大豆の力強さを感じていただけるご飯。
重めの食感だが、キクラゲが加わることで、
食べやすくなる。（秋山）

リゾット？？

鮎（焼き、煎餅、ペースト）、クレソン、枝豆

枝豆やクレソンのピュレ、アユのブロートを合わせたところに
米のパフを加え、さまざまな方法で調理した
アユとともに食べていただく。（岩坪）

枝豆と紅玉のずんだ和え（秋山）

材料（4人分）
枝豆　1袋
リンゴ（紅玉）　1/2個
A
：ヘーゼルナッツ油　適量
：砂糖　適量
：塩　ひとつまみ
ピーナッツ油　小さじ1
塩　ひとつまみ

1　枝豆をゆでて、サヤからとり出し薄皮をむく。1/3量を残し、残りはフードプロセッサーで粗くつぶす。
2　1のつぶした枝豆をすり鉢に移し、Aを加えて軽くすり混ぜ、味を調える。
3　リンゴをくし形に切り、横に2mmほどの厚さの扇形に切る。一部は飾り用にせん切りにしておく。
4　フライパンにピーナッツ油、塩ひとつまみを入れて軽く炒め、冷ましておく。冷めたら2のずんだに加えて混ぜ合わせる。
5　3の扇形のリンゴを4で和える。
6　5を器に盛り、せん切りにしたリンゴをのせ、残しておいた1の枝豆を散らす。

山形県産秘伝豆のエスプーマとアイスクリーム 蘇のパウダー（武田）

材料（作りやすい量）
秘伝豆のエスプーマ
：秘伝豆（乾燥＊）　500g
：生クリーム　200cc
：無塩バター　100g
：塩　適量
秘伝豆のアイスクリーム
：アングレーズソース（p.86参照）　300g
：秘伝豆のピュレ（右上記の作り方1～3と同様に作ったもの）　150g
秘伝豆（乾燥品を水に浸けて戻し、塩ゆでしたもの）　適量
バニラオイル　少量
岩海苔のチップ（p.19参照）　適量
古代チーズ（凍らせておく＊＊）　適量

＊秘伝豆：山形県産の青大豆の一種。枝豆としても、乾燥豆としてもおいしく食べられる。地元では浸し豆にして食べることが多い。

＊＊古代チーズ：牛乳を煮詰めて固めたとされる食品「蘇」の製法に倣い、奈良の西井牧場が「飛鳥の蘇」という商品名で製造・販売している。

1　秘伝豆のエスプーマ：秘伝豆は、水に一晩浸けて戻した後、塩ゆでしておく。
2　1の豆を鍋に入れ、生クリームとバターを加えて加熱し、火を入れる。
3　2をすべてミキサーに入れ、よく回してピュレにする。
4　3をエスプーマ用のサイフォンに入れ、よく冷やしておく。
5　秘伝豆のアイスクリーム：アングレーズソースと秘伝豆のピュレを合わせ、パコジェットのビーカーに入れて冷凍し、パコジェットにかける。
6　ゆでた秘伝豆をバニラオイルで和えて、器に入れ、器の半分に5のアイスクリームを、もう半分に4のエスプーマを絞り入れる。岩海苔のチップを添え、エスプーマの上に、凍らせた古代チーズをすりおろしてかける。

湯葉 大豆 木耳ご飯（秋山）

材料（作りやすい量）
米　2合
もち米　大さじ1
生姜（みじん切り）　適量
A
：かつおだし　320cc
：薄口醤油　40cc
：酒　20cc
：塩　ひとつまみ
引き上げ湯葉　2枚
キクラゲ（生）　1～2枚
大豆（水煮）　100g
濃口醤油、酒　各小さじ1
キヌサヤ（塩ゆでして細切りにしたもの）　少量

1　湯葉とキクラゲは細く刻む。
2　大豆の水煮とキクラゲをフライパンで2～3分煎り、湯葉を加え、醤油、酒を加えて再度2～3分炒めて水分を飛ばす。
3　米ともち米、生姜を合わせてAで炊く。
4　3が炊き上がったら、2を加えて混ぜる（あるいは炊き上がった3を器に盛り、上に2をかけてもよい）。キヌサヤをのせる。

リゾット？？
鮎（焼き、煎餅、ペースト）、クレソン、枝豆

川魚特有のコケのような香りに、クレソンの苦みや爽やかな風味がよく合い、枝豆とのバランスもよい。
（岩坪）

材料
米　適量
アユ　適量
枝豆　適量
アンチョビー　適量
塩、揚げ油（サラダ油）　各適量
アユの肝のペースト
　アユの肝　適量
　ニンニクオイル（p.17参照）　適量
　A
　　玉ネギのフォンドゥータ（p.127参照）　適量
　　アンチョビー　適量
　　ジャガイモ（「メークイン」）　適量
　マルサラ・セッコ　適量
クレソンのピュレ（作りやすい量）
　カブ　1個
　クレソン　6株
　オリーブ油、E.V.オリーブ油、塩、重曹　各適量
　アンチョビー　適量.
アユのブロード
　アユの腹骨や身の切れ端　適量
　枝豆のサヤや薄皮　適量
　昆布だし　適量
　塩、瀬戸内コラトゥーラ（魚醤）　各少量
　シャンタナ（増粘剤）　少量
クレソン（葉）、紫芽　少量

米のパフ
1　米を塩ゆでする。
2　1をザルにあけて水気を切り、天板に敷いたオーブンシートの上に広げ、85℃のコンベクションオーブンで24時間乾燥させる。
3　2を220℃に熱した油で揚げる。

アユ
4　アユはウロコを引き、三枚におろす（肝はペーストに、腹骨はブロードに使用する）。
5　アユの頭は140℃に熱した油で40分、中骨は20分揚げ、上がりに塩をふる。
6　アユの身は一口大に切り（切れ端はブロードに使用する）、遠赤外線網焼き器で焼く。

アユの肝のペースト
7　鍋にニンニクオイルとアユの肝、Aを入れてスュエした後、マルサラ・セッコを注ぎ、煮る。
8　7をミキサーで回し、タミで裏漉す。ボウルに入れ、氷煎にあてながら泡立て器で混ぜて乳化させる。

クレソンのピュレ
9　皮付きのカブにオリーブ油を塗り、200℃のオーブンで40分ほど焼く。皮の色づいた部分は除く。
10　クレソン3株分は塩、重曹の入りの湯でゆでる。
11　9、10と生のクレソン3株分、アンチョビー（味を確認しながら）、E.V.オリーブ油を合わせてミキサーにかける。

枝豆
12　枝豆は塩ゆでし、サヤからとり出して薄皮を除く（サヤと薄皮はブロードに使用する）。

アンチョビーパウダー
13　アンチョビーの油を切り、天板に敷いたオーブンシートの上に広げ、80℃のコンベクションオーブンで7時間乾燥させる。ミルで回してパウダー状にする。

アユのブロード
14　アユの腹骨や身の切れ端を200℃のオーブンで20分焼く。
15　昆布だしに14を入れ、枝豆のサヤと薄皮も加えて20分ほど煮た後、リードペーパーで漉す。
16　15に塩、瀬戸内コラトゥーラを加えて味を調え、シャンタナでとろみをつける。

盛り付け
17　皿の中央に11のクレソンのピュレを敷き、12の枝豆、クレソンの葉、紫芽を散らす。まわりに5のアユの頭と骨の煎餅、8の肝のペースト、6の焼いた身、11のクレソンのピュレを盛り付け、13のアンチョビーパウダーをふる。
18　16のブロードを温めて、シノワで漉し、17に注ぐ。
19　お客様の前で3の米のパフをかける。食べるときにブロードと米を混ぜ合わせる。アユはペーストにつけながら、あるいは他と混ぜながら食べていただいてもよい。

レンコン（夏）

レンコンの旬は秋から冬だが、7月ごろに早掘りの新物が出回る。アクがなく、みずみずしい。

新蓮根の甘酢漬け
新レンコンのシンプルでおいしい食べ方。（秋山）

蓮根餅 鱧 白木耳のお椀
新レンコンで餅を作り、
白い素材と合わせて夏らしいお椀に。
食感の違いも楽しい。（秋山）

ポルチーニ（夏）

秋に本格的な旬をむかえるイタリアのポルチーニだが、地域によっては8月下旬ごろから採集でき、サマーポルチーニとも呼ばれる。

イタリア産ポルチーニのヴェルタータとグリーリア
剣先烏賊のスコッタート ローズマリーの香り
まだ少し若いフレッシュなポルチーニを、
シンプルに楽しんでいただきたい。（岩坪）

新蓮根の甘酢漬け

新レンコンの皮は薄いので、
むきすぎないように。(秋山)

材料(4人分)
新レンコン　直径7〜8cmのもの2節
みょうが　2個
青柚子皮　適量
酢　適量
甘酢(作りやすい量)
: 水　300cc
: 米酢　200cc
: 砂糖　100cc
: 昆布　10cm角
: ※混ぜ合わせる。

1　新レンコンの皮をピーラーで薄くむき、スライサーで薄くスライスする。
2　1を酢水でゆでて、おか上げした後、甘酢に漬ける。
3　みょうがは外側の3枚をゆでて、おか上げした後、甘酢に漬ける。
4　2と3を器に盛り付け、すりおろした青柚子の皮をふる。

早掘りの新レンコン

蓮根餅　鱧　白木耳のお椀(秋山)

材料
ハモ(おろして骨切りしたもの)　適量
レンコン餅(作りやすい量)
: レンコン(すりおろして水気を切ったもの)　300g
: 大和イモ(すりおろしたもの)　45g
: もち粉　20g
: 塩　2g
: 卵黄　3個
: サラダ油　25g
: 薄口醤油　2g
揚げ油　適量
白キクラゲ　適量
A(2人分)
: かつおだし　180cc
: 薄口醤油　10cc
: 酒　少量
: 塩　ひとつまみ
青柚子皮　少量
梅肉(フリーズドライ)　少量

1　ハモは骨切りしたものを一口大に切り、湯に落とす。
2　レンコン餅の材料を合わせ、数回電子レンジで加熱しながら混ぜ合わせる。
3　白キクラゲは湯で戻した後、Aと同じ薄味の調味だし(分量外)で炊く。
4　2のレンコン餅を丸めて素揚げし、湯をかけて油抜きする。
5　椀に1と3と4を盛り付け、熱したAの汁をはる。すりおろした青柚子の皮をふり、ハモの上に梅肉をのせる。

イタリア産ポルチーニのヴェルタータとグリーリア 剣先烏賊のスコッタート ローズマリーの香り (岩坪)

材料 (2人分)
ポルチーニのヴェルタータ (作りやすい量)
- ポルチーニ　500g
- 玉ネギ (スライス)　1/2個分
- 牛乳　100g
- 生クリーム　50g
- ニンニクオイル (＊)　適量

ポルチーニのグリーリア
- ポルチーニ　1個
- ニンニクオイル (＊)、塩　各適量

剣先イカのスコッタート
- 剣先イカ　適量
- ニンニク (みじん切り)、
- 　ローズマリー (みじん切り)、塩　各適量

ローズマリー (みじん切り)、E.V.オリーブ油で作ったニンニクオイル (＊)　各少量

＊ニンニクオイル：ニンニクを半分に切り、オリーブ油とともにフライパンに入れて火にかけ、ニンニクがキツネ色になるまでゆっくり加熱してとった油。

ポルチーニのヴェルタータ
1　ポルチーニは、土と硬い部分を除き、スライスする。
2　ニンニクオイルで、玉ネギのスライスをスュエする。1を加えてしんなりするまで更にスュエする。
3　2に牛乳と生クリームを加えて煮る。ミキサーで回す。

ポルチーニのグリーリア
4　ポルチーニを手割りにし、ニンニクオイルを塗ってグリルする。塩をふる。

剣先イカのスコッタート
5　剣先イカをさばいて下処理し、胴は食べやすい大きさに切って格子に包丁目を入れる。足も食べやすい長さに切る。
6　5をバーナーであぶり、ニンニク、塩、ローズマリーをすり込む。

盛り付け
7　3を温め、ハンドブレンダーで回して皿に注ぐ。4のポルチーニをのせ、6のイカを添える。ポルチーニの上にローズマリーを散らし、E.V.オリーブ油で作ったニンニクオイルをかける。

サマーポルチーニ

> ## 夏の葉物野菜
>
> 夏は葉物野菜が少なくなる季節。この時季に旬をむかえる葉物は貴重である。独特のクセのあるものもあるが、栄養価の高い野菜も多いので上手にとり入れたい。

空芯菜のにんにく炒め

空芯菜は、シンプルに炒めるのがいちばん。(西岡)

材料(2人分)
空芯菜　1束
綿実油(サラダ油)　大さじ2
ニンニク(薄切り)　15g
塩　少量
鶏スープ(p.34参照)　大さじ3
ゴマ油　大さじ1

1　空芯菜は葉と茎に分ける。茎はやわらかいところを、斜め薄切りにする。水洗いし、水気をよく切る。
2　鍋に綿実油とニンニクを入れて熱し、キツネ色になったら1の空芯菜の茎、葉を入れ、塩を加えて炒め、鶏スープを加える。最後にゴマ油を加える。
※　赤トウガラシを飾りとしてのせた。

空芯菜

ヒルガオ科サツマイモ属の植物。茎の中が空洞になっているところから、中国語で空芯菜、広東では通菜。日本では日本語読みのクウシンサイと呼ばれる。その他エンサイ、ヨウサイなどとも。クセがなく、食べやすい。

つるむらさきの豆豉炒め

独特のぬめりがあるツルムラサキも、夏らしい野菜のひとつ。(西岡)

材料(2人分)
ツルムラサキ(葉)　100g
綿実油(サラダ油)　大さじ1
A
　豆豉(トウチ)(刻んだもの)　2つまみ
　中国醤油(薄口)　小さじ1
　鶏スープ(p.34参照)　大さじ3
水溶き片栗粉　適量
ゴマ油　大さじ1/2

1　ツルムラサキの葉は、水に放す。
2　鍋に綿実油を熱し、1を入れて炒め、Aを加えて炒め上げる。水溶き片栗粉を加え、火を止めてゴマ油をまわし入れる。

ツルムラサキ
東南アジア原産のつる性一年生植物。若い葉と茎を食用にする。独特の土臭さとぬめりがある。炒め物にむいている。

モロヘイヤとオクラのスープ

トマトを入れてもおいしい。栄養豊富なモロヘイヤは、食欲の落ちがちな夏に積極的に食べたい野菜のひとつ。(西岡)

材料(2人分)
モロヘイヤ　3本
オクラ　2本
オリーブ油　大さじ2
ニンニク(薄切り)　5g
白ワイン　大さじ3
鶏スープ(p.34参照)　360cc
クミンシード　適量
塩　適量

1 モロヘイヤはゆでて、みじん切りにする。オクラはゆでて、薄切りにする。
2 鍋にオリーブ油とニンニクを入れて炒め、白ワインを加えてアルコールを飛ばし、鶏スープを入れる。沸いたら1のモロヘイヤとオクラ、クミンシードを加える。塩で味を調える。

モロヘイヤ

中近東では古くから食用に栽培されてきた。カロテン、カルシウム、ビタミンB群、ビタミンCなどを豊富に含み、栄養価のきわめて高い野菜として注目されている。

香菜とピスタチオ和え麺

香菜に、ピスタチオの風味をたっぷり加え、アジアンテイストに仕上げたペーストで和えた。香菜好きにはうれしい麺。(西岡)

材料(1人分)
A(作りやすい量)
- 香菜　1束(200〜300g)
- ピスタチオペースト(シチリア産。市販)
  香菜の1/2量
- シェリーヴィネガー　適量
- ピーナッツ油　香菜の1/2量
- ナンプラー　適量
- ニンニク(すりおろし)　15g

中華麺　65g
香菜　適量

1　Aを合わせてフードプロセッサーで撹拌する。
2　中華麺を硬めにゆでて、水気を切り、1を大さじ2加えて和える。
3　2を器に盛り、上に香菜をのせる。

香菜(シャンツァイ)

セリ科の一年草。タイ語名の「パクチー」の呼び名も使われる。英語名のコリアンダーも同じものだが、こちらは果実や葉を乾燥させたスパイスやハーブを指すことが多い。独特の香りがあり好みは分かれるが、ブームもあり日本でも広く知られるようになった。

小さな野菜

ミニ野菜

人気のあるミニ野菜。形を活かした使い方ができるのも魅力。契約農家から、間引きしたものなどを入手しているケースも多い。

香菜　　わさび菜　　ウイキョウ　　ケール

ディル　　姫ニンジン　　芽カブ

野菜やハーブの花

野菜やハーブの花の中には、食べられるものもある。その野菜やハーブの味がするなど素材としておもしろく、料理に華やかさも加わるので上手に使いたい。

フェンネルの花　　香菜の花　　ディルの花　　バジルの花

葉にんにくのマーボー豆腐

ニンニクが成長する前に間引きされた脇芽を使用した。(西岡)

材料（2人分）
葉ニンニク（間引きニンニクの葉の部分＊）　50g
絹漉し豆腐　1/2丁（150g）
長ネギ（みじん切り）　5cm分
ニンニク（みじん切り）　10g
生姜（みじん切り）　10g
綿実油（サラダ油）　大さじ2
豆板醤　小さじ1/2
日本酒　大さじ4
鶏スープ（p.34参照）　大さじ6
水溶き片栗粉　適量
ゴマ油　小さじ2

＊ここでは葉を使用したが、間引きのニンニクは玉（鱗茎）の部分も旨みが強くおいしい。食べた後に臭みも残らない。

1　葉ニンニクは3cm長さに切る。豆腐は6〜8等分に切る。
2　中華鍋に綿実油を熱し、ニンニクと生姜を入れて炒める。香りが出たら長ネギを入れ、再び香りが出たら豆板醤を加える。香りが出てきたら日本酒を加えてアルコールを飛ばし、鶏スープを加え、1の豆腐を入れて、葉ニンニクを加える。
3　豆腐に火が通ったら、水溶き片栗粉を加え、火を止めてゴマ油をまわし入れる。

間引きニンニク（脇芽）
ニンニクが成長する前に、主株の脇からのびた芽をかきとった（芽かき）もの。通常「葉ニンニク」として売られているものは、ニンニクの成長途中で収穫した葉の部分だが（p.265参照）、こちらも同様に使える。

ジュンサイ

多年生の水生植物。澄んだ淡水の沼や池などに自生し、栽培もされている。水底の地下茎から茎をのばし、葉を水面に浮かべる。食用にするのは透明のゼリー状の粘液に包まれた若芽である。白神山地や出羽丘陵に囲まれた秋田県三種町が日本一の産地。

泡立つ蓴菜とデラウエア

じゅんさいは加減酢で食べるのが一般的だが、これに炭酸を加えてはどうかと考えた一品。デラウエアは、タピオカ的なイメージで加えた。(秋山)

材料（1人分）
じゅんさい（新芽）　50g
ブドウ（デラウエア）　7〜8粒
加減酢（割合）
　かつおだし　6
　みりん　1.5
　薄口醤油　1.5
　濃口醤油　0.5
　米酢　1.5
　スダチ酢　0.5
青柚子皮（またはスダチのスライス）　少量

1　加減酢を作る。米酢とスダチ酢以外を合わせて火にかけ、沸騰する直前で火を止めて、米酢とスダチ酢を加える。
2　1が冷めたら、ソーダサイフォンに入れてガスを注入する。
3　30分ほどしたら、ゆっくりレバーを引きガスのみ出す（サイフォンの中で、加減酢が炭酸になる）。
4　シャンパングラスなどに、じゅんさいと皮をむいたデラウエアを入れ、3の炭酸加減酢を注ぐ。
5　すりおろした青柚子の皮をグラスの縁につける（またはスダチのスライスを縁に沿ってすべらせる）。

秋田県産じゅんさい、パッションフルーツ、甘酒のソルベ

じゅんさいをデザートにできないかと考えて作ったもの。
シンプルに相性のよい甘酒を合わせ、パッションフルーツでパンチを加えた。(武田)

材料(1人分)
じゅんさい　20g
ミントシロップ(作りやすい量)
：白ワイン　50cc
：水　50cc
：砂糖　50g
：ミント　適量
：※白ワイン、分量の水、砂糖を鍋に合わせ、混ぜながら
　沸かしてシロップを作り、火からおろしてミントを加
　えておく。
パッションフルーツのクーリ
：パッションフルーツ　適量
：塩、砂糖、とろみ剤　各少量(必用なら)
甘酒のソルベ(作りやすい量)
：甘酒　80cc
：牛乳　500cc
：砂糖　50g
：生クリーム(乳脂肪分38%)　500cc
：ビドフィックス(増粘安定剤)　少量
：※すべての材料をよく混ぜ合わせてパコジェットの
　ビーカーに入れて冷凍し、パコジェットにかける。
◎ハスの葉　1枚

1　パッションフルーツのクーリ：パッションフルーツの中身をザルで漉し、種部分と液体に分ける。液体を鍋に移して少し煮詰め、必要に応じて少量の砂糖や塩で味を調え、とろみが足りなければ、とろみ剤でとろみをつける。冷ましてから、種を戻し入れる。
2　じゅんさいはさっと湯通しし、ミントシロップに浸けておく。
3　2のじゅんさいの汁気を切ってハスの葉に入れ、甘酒のソルベを抜いて入れる。上から1のパッションフルーツのクーリを少量かける。

チーズスタンドのモッツァレッラとそのホエー
秋田県白神山地のじゅんさい、フルーツトマト

じゅんさいは、つるっとした食感と、
ちょっとコケのようなハーブを思わせる香りが特徴的。
白神山地の麓から届くこのじゅんさいは特に食べ応えがあり、
好んで使っている。（岩坪）

じゅんさい
白神山地の麓の産地から届いた
肉厚のじゅんさい。

イチジク　　　　　青イチジク

果物

みずみずしい果物に、夏の甘味に欠かせない。コース料理に組み込むなら、料理の流れをじゃましない、やさしい味のものがいい。

青いちじくの揚げ出し
一般的なイチジクより早く、初夏に出回る青イチジクは、さっぱりとした甘みが特徴。味の違いが楽しめる。(西岡)

無花果の酒蒸し　薄葛仕立て
酒蒸しにしたイチジクは、このように、生姜をきかせたあんをかけて椀物にしてもおもしろい。(秋山)

チーズスタンドのモッツァレッラとそのホエー 秋田県白神山地のじゅんさい、フルーツトマト

モッツァレッラと、それを作る際に出るホエーを合わせた。
ホエーは栄養価が高く、甘みもあっておいしい。(岩坪)

材料
モッツァレッラ・チーズ(渋谷チーズスタンド製)　適量
フルーツトマト(「アメーラ」)　適量
ホエーのエスプーマ
  ホエー(乳清)　適量
  キサンタンガム(添加物)　適量
じゅんさい(秋田県白神山麓産)　適量
塩　適量
E.V.オリーブ油　適量

1　ホエーのエスプーマ：ホエーにキサンタンガムを加え、エスプーマ用のサイフォンに入れておく。
2　フルーツトマトは皮を湯むきし、くし形に切る。
3　モッツァレッラ・チーズは一口大に切る。
4　2のフルーツトマト、3のモッツァレッラ・チーズ、じゅんさいを塩、E.V.オリーブ油で和える。
5　4を器に盛り、1のホエーのエスプーマを絞る。

青いちじくの揚げ出し（西岡）

材料（1人分）
青イチジク（「キング」） 1/2個
片栗粉　少量
ごまだれ（＊）　大さじ2
揚げ油　適量

1　青イチジクは軽く片栗粉をつけ、180℃に熱した油に入れて、まわりがパリッとするまで揚げる。
2　油を切って食べやすい大きさのくし形に切り、器に盛ってごまだれをかける。

＊ごまだれ

材料（作りやすい量）
練りゴマ（白）　100g
米酢　10g
グラニュー糖　20g
日本酒（煮切ったもの）　50g

すべての材料を混ぜ合わせる。

無花果の酒蒸し　薄葛仕立て（秋山）

材料（1人分）
イチジク　1個
かつおだし　100cc
A
　薄口醤油　10cc
　酒　10cc
　塩　ひとつまみ
水溶き吉野葛　適量
生姜汁　小さじ1
青柚子皮　少量
リ・スフレ（もち米のライスパフ。市販）　適量

1　イチジクは皮をむき、小さなボウルに入れて酒を少量（分量外）ふり、蒸し器で7分蒸す。
2　1のイチジクから出たエキスを、かつおだしに加える。
3　2のだしを鍋に入れて火にかけ、Aで味つけし、水溶き葛でとろみをつけ、生姜汁を加えてあんを作る。
4　1のイチジクを4等分のくし形に切り、形をもとに戻して椀に盛る。
5　4に3の葛あんをかけ、すりおろした青柚子の皮をふり、リ・スフレを散らす。

ベリー類の白和え

ベリー類で作る、ユニークな白和え。
ドーナツ形のもなかの皮に盛り付けても楽しい
（写真は小角に切った奈良漬けと、クレソンの
スプラウトとともに盛り付けたもの）。（秋山）

ブルーベリーとラズベリー

西瓜の白和え
みずみずしいスイカと、ねっとりとした白和え衣、
スパイシーなコショウの組み合わせがおいしい。(秋山)

ゴーヤのフリットとスイカのグリル
苦みのあるゴーヤはフリットにむいている。
この苦みになにか甘みを添えたいと思い、
スイカを合わせてみた。焼いたスイカが見た目にも新鮮で、
おもしろい組み合わせになった。(永田)

スイカ

ベリー類の白和え

チョコレートを添えればデザートにもなる。（秋山）

材料
白和え衣（作りやすい量）
- 木綿豆腐　1丁
- A
  - ゴマペースト（白）　大さじ1
  - きび砂糖　小さじ1½
  - 薄口醤油　小さじ1
  - 塩　ひとつまみ
- ブルーベリー、ラズベリー　各適量
- アーモンド（スライス）　少量

1　白和え衣を作る。木綿豆腐にさらしを巻いて重石をし、1時間おいて水分を抜く。
2　1をフードプロセッサーに入れ、Aで味をつけながら攪拌してなめらかにする。
3　2を適量ボウルに入れ、ラズベリーをつぶしながら入れる。半割りにしたブルーベリーも入れ、ゴムベラで混ぜ合わせる。
4　アーモンドスライスをローストする。
5　3の白和えを器に盛り、上にもラズベリーとブルーベリーをのせ、4のアーモンドを散らす。

西瓜の白和え（秋山）

材料（4人分）
白和え衣（左記参照）　適量
スイカ　1/4個
B
- スイカ果汁　200cc
- カシスシロップ（モナン）　大さじ2
- レモン果汁　1/2個分
生粒コショウ　適量
ディル　適量

1　スイカをメロンボーラーでくり抜き、種をとり除く。
2　くり抜いた後に残ったスイカの果肉は、つぶして果汁をとる。
3　2の果汁200ccにBのカシスシロップとレモン果汁を加え、1のスイカを浸け込む。
4　白和え衣と3のスイカを交互に器に盛り、生粒コショウ、ディルを添える。

ゴーヤのフリットとスイカのグリル

ゴーヤとスイカをつなぐものとして、
タプナードを合わせた。（永田）

材料（2人分）
ゴーヤ（小さめのもの）　1本
薄力粉　適量
ベニエ生地（作りやすい量）
：薄力粉　100g
：インスタントドライイースト　10g
：水　適量
：※薄力粉とイーストを合わせてボウルに入れ、水を加えて混ぜる。ラップフィルムをかけて、少し温かいところにおいて発酵させる。
揚げ油　適量
スイカ　適量
タプナード（作りやすい量）
：黒オリーブ（みじん切り）　100g
：エシャロット（みじん切り）　20g
：ケッパー（みじん切り）　30g
：オリーブ油　適量
モロヘイヤ　少量

1　ゴーヤは薄力粉をつけてベニエ生地をつけ、160℃の油で揚げる（小さめのものなら丸ごと揚げられる）。油を切り、大きめに切る。
2　タプナードの材料を混ぜ合わせる。
3　スイカは三角形に切り、皮を切り落とし、網焼きにする。
4　1、2、3を器に盛り合わせ、モロヘイヤを添える。

桃のフライ　レモンジャム（秋山）

［写真 p.152］

材料（4人分）
モモ（白桃）　1/2個
片栗粉、卵、パン粉（細かいもの）　各適量
揚げ油　適量
レモンジャム（作りやすい量）
：レモン　1個
：砂糖　100g
：水　100cc
青柚子皮　少量

1　レモンジャム：レモンを皮付きのままスライスし、分量の水と砂糖を加えて10分煮る。
2　1が冷めたらハンドブレンダーでつぶす。
3　モモは皮をむいて一口大に切る。片栗粉、溶き卵、パン粉の順につけ、170～180℃に熱した油で揚げる。
4　3に串を刺し、2のレモンジャムをのせ、すりおろした青柚子の皮をふる。

白桃

桃のフライ レモンジャム
モモを揚げてフィンガーフードに。意外性もあり、
コースの初めにお出しするのにふさわしい。(秋山)
[作り方 p.151]

秋＋冬

サツマイモ、サトイモなどのイモ類や、大根、レンコンなどの根菜類が充実。野菜を主役にした皿も作りやすい。また、白菜やホウレン草などの葉物類がおいしくなる季節でもある。

ジャガイモ

南米アンデス山脈の高地が原産といわれるナス科の多年草。塊茎を食用にする。保存がきくため年間を通して流通する。国内生産量のトップは北海道で、国内シェアは79％ほど（平成27年）になる。北海道では春に植えつけ、夏の終わりから秋にかけて収穫する。北海道に次ぐ産地である長崎県や鹿児島県では二期作が行なわれ、冬に植えつけられたものが春に収穫されて新ジャガとして出回り、夏に植えつけられたものが冬に収穫される。かつては「男爵」と「メークイン」くらいだった品種も大幅に増え、現在は100種近くが登録されている。（※写真は本書中の料理に使用した品種の一部）

［シンシア］
フランスのジャガイモ育種・販売会社であるジェルミコパ社により育成された。肉色は薄黄色できめが細かく、煮崩れが少ない。煮物やサラダなどにむく。

［インカのめざめ］
小粒で黄色みが強い。甘みが強いのが特徴。病虫害に弱いなど栽培が難しく、流通量は多くないため、ジャガイモの中では比較的高価。肉質はやや粘質で、なめらか。煮物、揚げ物、菓子の素材としても使いやすい。

［ホッカイコガネ］
形はメークインに似て、やや黄色みを帯びている。フレンチフライ用に開発された品種で、育成された地である「北海道」と揚げ色を表わす「黄金」から名付けられた。メークイン同様煮崩れしにくく、味もよいのでさまざまな料理に使える。

［タワラマゼラン］
長崎県雲仙市の個人育種家、俵正彦さんがつくった品種。皮は濃い紫色で、中は黄色く、肉質はやや粘質。甘みが強く、煮崩れしにくいため煮物に最適。

シンシアのポテトサラダ

「シンシア」は、サラダにぴったりのジャガイモ。(西岡)

材料（作りやすい量）
ジャガイモ（「シンシア」） 2個
A
　ケッパー（酢漬け。みじん切りにする） 小さじ1
　マヨネーズ（＊） 大さじ3
　スモークオイル（＊＊） 大さじ1
　シェリーヴィネガー 大さじ1
　タスマニア粒マスタード 大さじ2
スモークオイル（＊＊）、黒コショウ 各少量

＊マヨネーズ（作りやすい量）：卵1個、綿実油200cc、シェリーヴィネガー少量を、ハンドブレンダーで混ぜ合わせる（塩は加えない）。

＊＊スモークオイル：グレープシード油を、ヒッコリーのスモークウッドで30分ほど燻して燻香をつけたオイル。

1　ジャガイモは皮をむき、蒸気の立った蒸し器に入れて45分ほど蒸す。
2　1をボウルに入れてマッシャーでつぶし、Aを加えて混ぜ（塩分が足りなければ塩を足す）、器に盛る。スモークオイルと黒コショウをふる。

ホッカイコガネの肉じゃが

「ホッカイコガネ」は加熱しても崩れにくく、煮物むきのジャガイモ。（西岡）

材料（4人分）
ジャガイモ（「ホッカイコガネ」）　中3個
玉ネギ　1個
和牛肉（イチボ。塊）　200g
長ネギ　5cm
生姜　小1片
綿実油（サラダ油）　大さじ2
鶏スープ（p.34参照）　適量
A
　日本酒　360cc
　中国醤油　少量
　塩　少量
卵　2個
ゴマ油　少量

1　ジャガイモは皮をむき、4等分に切る。玉ネギは皮をむいて芯をとり除き、8等分に切る。牛肉は一口大に切る。長ネギと生姜は塊のまま包丁の腹で叩き、香りが出やすくしておく。
2　鍋に綿実油を入れて火にかけ、長ネギと生姜を入れて炒める。香りが出たら、1の牛肉、ジャガイモ、玉ネギの順に入れる。全体に油がまわったらAを加え、鶏スープをひたひたに入れて30分ほど煮込む。
3　2に溶き卵をまわし入れ、最後にゴマ油を加える。

タワラマゼランの炒め物

「タワラマゼラン」は、いろいろなジャガイモのいいとこどりのような品種。
旨みが強く、さまざまな料理に使える。(西岡)

材料(作りやすい量)
ジャガイモ(「タワラマゼラン」) 1個
油通し用油(綿実油) 適量
綿実油(サラダ油) 大さじ1+小さじ1
万能ネギ(小口切り) 15g
鶏スープ(p.34参照) 180〜270cc
白トリュフ塩 少量

1 ジャガイモは皮をむき、0.5mm厚さにスライスし、油通しする。
2 中華鍋に綿実油大さじ1を熱し、1のジャガイモを入れる。全体に油がまわったら万能ネギを入れ、鶏スープと白トリュフ塩を加え、炒め煮にする。
3 ジャガイモに火が入って水分がなくなってきたら、綿実油小さじ1を加えて乳化させ、器に盛る。

インカのめざめと牛肉炒め

「インカのめざめ」は、甘みが特徴。一度揚げてまわりをコーティングし、
外側と内側の対比を作ることでおいしさが引き立つ。
そのまま煮込んでしまうと、このジャガイモのよさが活きない。(西岡)

材料(4人分)
ジャガイモ(「インカのめざめ」) 中2個
和牛肉(イチボ) 200g
揚げ油 適量
日本酒、片栗粉 各適量
A
：日本酒 大さじ5
：中国醤油 小さじ1
：塩 2つまみ
黒コショウ 適量

1 ジャガイモは皮をむき、太さが7mm角の棒状に切り、水に放す。水気を切り、素揚げしておく。
2 牛肉は、繊維に逆らって、1と同様の形状に切る。日本酒と片栗粉を加えて和える。低温の油で油通ししておく。
3 油をあけた中華鍋に1と2を入れ、Aを加えて炒め合わせる。仕上がりに黒コショウをふり、器に盛る。

ポルチーニ、ジャガイモ、チェリートマト、秋トリュフ

イタリアにいたころに作っていた料理。ココットに盛り付け、前菜として出していた。
グラスで添えた液体は、ジャガイモの皮を煮出したもの。
ジャガイモの味と香りがしっかり移っている。(岩坪)

材料
ジャガイモ(「メークイン」)　適量
ポルチーニ(イタリア産フレッシュ)　適量
エシャロット　適量
チェリートマト　適量
秋トリュフ　適量
イタリアンパセリ　適量
ニンニク(みじん切り)　適量
無塩バター　適量
塩　適量
揚げ油　適量

1. ジャガイモの皮をむき、この皮を200℃のオーブンで20〜30分、小麦色になるまでローストした後、鍋に水とともに入れて30分煮出し、シノワで漉す。塩で味を調える。
2. 皮をむいたジャガイモをやや厚めにスライスし、180℃の油で素揚げする。
3. ポルチーニを掃除して、縦3mm厚さにスライスする。エシャロットは一定方向に形をそろえて刻む。チェリートマトは縦4等分のくし形に切る。イタリアンパセリは粗みじんに切る。
4. フライパンにニンニクとバターを入れて弱火にかける。ニンニクがキツネ色になったら3のポルチーニを入れてソテーし、エシャロット、チェリートマト、2のジャガイモを入れてソテーする。イタリアンパセリを加え、塩で味を調える。
5. 4を器に盛り、秋トリュフをスライスしてかける。温めた1をグラスに注いで添える。

サツマイモ

中米から南米北部が原産のヒルガオ科の植物。おもにその肥大した根（塊根）を食用にする。日本で生産量が多いのは鹿児島県（多くはデンプン、焼酎などの材料として）、茨城県、千葉県など。サツマイモの収穫は8月～10月ごろだが、収穫後1～3ヵ月貯蔵して甘みを増したものが出荷されるため、旬は秋～冬になる。

さつまいものすべて

サツマイモを固体と液体で味わっていただく趣向。
サツマイモの煮汁だけを煮詰めて作る贅沢なジュースは、
まるでハチミツでも加えたような、味わい深い甘みをもつ。
ただし、おいしいサツマイモでなければこの味は出ない。（永田）

**オレンジを含ませた薩摩芋のコンフィ
ポロ葱、フィノッキオーナ、クラッカー**
アミューズでお出ししている一品。
サツマイモとオレンジ、フェンネルシードの香りは
相性のよい組み合わせ。（岩坪）

シルクスイートポテト
「シルクスイート」は甘みが強くなめらかで、
デザートにも使いやすい。（西岡）

紅はるかと金華ハムのパンケーキ
細切りにしたサツマイモを、
少し多めの油で生の状態からじっくり焼き上げ、
香ばしく仕上げた。（西岡）

さつまいものすべて

「紅はるか」は甘みが強くてやわらかく、
そのまま火を入れるだけでとてもおいしい。（永田）

材料
サツマイモ（「紅はるか」。ビオファームまつき）　適量
サツマイモのジュース
　サツマイモ（「紅はるか」）　適量
　塩　適量
ゴボウ　適量
マジョラム　少量

1　サツマイモは丸ごと蒸して皮をむく。皮は低温の
オーブンに1日ほど入れて乾燥させ、ミルで回し
てパウダー状にする。
2　蒸したサツマイモの実のほうは、食べやすい大き
さに形を整え、1の皮のパウダーをまぶす。電子
レンジで20秒ほど温める。
3　サツマイモのジュース：サツマイモの皮をむき、
1cm厚さの輪切りにし、水に2〜3時間さらして
デンプン質を少し落とす。
4　3のサツマイモを鍋に入れて蒸留水を加え、弱火
に3時間ほどかけて、ゆっくり火を入れる（火が
強いとピュレ状になってしまうので注意する）。
目の細かいザルにあけ、液体だけを鍋に移して煮
詰め、塩で味を調える（※むいた皮は作り方1の
方法でパウダーにし、使用している。ザルに残っ
たイモのほうは、まかないなどの材料に）。
5　ゴボウを薄切りにし、ロボクープにかけて細かく
砕く。低温のオーブンに1日ほど入れて乾燥させ、
パウダーにする。
6　皿に5を敷いて2を盛り付け、マジョラムを飾る。
4のジュースを小さなグラスに入れて添える。

オレンジを含ませた薩摩芋のコンフィ ポロ葱、フィノッキオーナ、クラッカー

サツマイモを料理に使用する場合、塩気やスパイス
などを加えて味のバランスをとるとよい。（岩坪）

材料
サツマイモのコンフィ
　サツマイモ　適量
　グラニュー糖　適量（サツマイモと同量）
　オレンジジュース（絞り汁）　適量（サツマイモと同量）
　オリーブ油　適量（サツマイモと同量）
　塩　少量
ポロネギのピュレと焦がしネギ
　ポロネギ　適量
　ニンニクオイル（＊）　適量
　E.V.オリーブ油　適量
　塩　適量
　サラダ油　適量
フィノッキオーナ（イタリア、トスカーナ州産のサラミ。
　5mm角に切る）　適量
クラッカー（作りやすい量）
　A
　　ルスティッカ（小麦粉）　200g
　　グラニュー糖　3.2g
　　インスタントドライイースト　3g
　　塩　6g
　　無塩バター（スライス）　40g
　　牛乳　104g
　E.V.オリーブ油　適量

＊ニンニクオイル：ニンニクを半分に切り、オリーブ油と
ともにフライパンに入れて火にかけ、ニンニクがキツネ色
になるまでゆっくり加熱してとった油。

[紅はるか]
麦芽糖の含有量が多く、上品な
甘さのサツマイモ。2010年に
品種登録された比較的新しい品
種。名前の由来は、食味や外観
が既存品種より「はるか」に優
れているところから。

サツマイモのコンフィ
1 サツマイモは皮をむいて7〜8mm角に切り、水にさらしてデンプン質を落とす。水気を切り、同量のグラニュー糖と合わせて鍋に入れ、少量の塩をふる。サツマイモと同量のオレンジジュースを注ぎ、次いで同量のオリーブ油を入れて極弱火にかける。サツマイモに火が入り、オレンジの味と香りを含むまで静かに加熱する（沸かすとサツマイモが煮崩れるので注意する）。火からおろし、冷ましておく。

ポロネギのピュレと焦がしネギ
2 ポロネギは、ピュレと焦がしネギにする。まずポロネギを、芯を付けたまま縦半分に切り、葉を1枚ずつめくりながら流水で洗い土を落とす。外側の青く硬い葉を数枚切り落とした後、ピュレ用は薄くスライスし、焦がしネギ用は1mm角のみじん切りにする。
3 2のピュレ用のポロネギをニンニクオイルとともに鍋に入れてスュエする。クタクタになったら少量の水分を入れ、この水分と同量程度のE.V.オリーブ油とともにミキサーにかけ（水分と油の量は、ミキサーで回すのに最低限必要な量）、なめらかなピュレにする。塩で調味し、すぐに冷ます。
4 2の焦がしネギ用のポロネギは、浸る程度の量のサラダ油とともに鍋に入れて極弱火にかけ、1時間ほどかけてじっくりと色と香りを出す（油とネギの焼けた味と香りは出さないように）。

クラッカー
5 Aを合わせて生地を練り、丸めてボウルに入れ、ラップをして一次発酵させ、パンチをして、再び発酵させる。パスタマシンで1mm厚さほどにのばし（折り込まず、一度でのばしきる）、オーブンシートをのせた天板にのせる。ピケローラーでまんべんなくピケし、E.V.オリーブ油をまんべんなく塗る。150℃のオーブンに入れ、薄くキツネ色になるまで約10〜15分ほど焼く。

盛り付け
6 グラスの底に3のポロネギのピュレを少量入れ、1のサツマイモのコンフィの油を切って、3ヵ所におく。フィノッキオーナを5片入れ、上から再びサツマイモのコンフィを3ヵ所におく。4の焦がしネギを、少量の油とともに適量のせる。このグラスを皿にのせ、適当な大きさに手で割った5のクラッカーを添える。

シルクスイートポテト（西岡）

材料（作りやすい量）
サツマイモ（「シルクスイート」）　1本
生クリーム（乳脂肪分42%）　適量
カソナード　少量

1 サツマイモは、蒸し器で20〜30分蒸して皮をむく。
2 1をボウルに入れ、生クリームを適量（入れすぎない）加えて混ぜ、裏漉す。
3 2をスプーンでクネルにとり、カソナードをかけてバーナーであぶる。
4 器に盛り、セルフィーユ（分量外。あれば）を飾る。

[シルクスイート]
「カネコ種苗（株）」が開発した品種。2012年から種苗の販売が開始された。名前のとおり、シルクのようななめらかな食感が特徴。

紅はるかと金華ハムのパンケーキ

甘さとともに、サツマイモらしい力強さも楽しめる「紅はるか」を活かして。（西岡）

材料（1人分）
サツマイモ（「紅はるか」。せん切り）　40g
A
　金華ハム（みじん切り）　5g
　薄力粉　少量
　万能ネギ（小口切り）　5g
　塩　少量
綿実油（サラダ油）　大さじ4

1 サツマイモは水洗いし、皮付きのまま1.3mm厚さに切った後、細切りにする。
2 1をボウルに入れ、Aを加えて混ぜ合わせる。
3 フライパンに綿実油を熱し、2を丸く入れて低温で焼く。
4 焼き色がついたら裏返し、両面とも焼いて、器に盛る。

カボチャ（秋）

一般的なカボチャの収穫は夏がピークだが、サツマイモ同様貯蔵により甘みが増す野菜であるため、旬は秋〜冬ともいえる。夏とはまた違った表現で仕立てたい。

南瓜小豆
カボチャにアズキあんはおなじみだが、
形を変えることによって新鮮な一品に。（秋山）

[バターナッツカボチャ]
ひょうたん形の黄褐色のカボチャ。南アメリカ原産だが、分類上は日本カボチャと同じ仲間。ナッツのような風味と甘み、ねっとりした食感が特徴。下の膨らんだ部分にくらべ、上のほうはやや水っぽい。旬は9月～12月。収穫後2ヵ月ほど追熟させることによって甘みが増す。

カボチャとフォアグラ 濃厚に軽やかに
オープン当初、店を象徴する料理として考えたスペシャリテ。フォアグラやカボチャはとても濃厚な食材だが、料理のデザインやエスプーマ、ローズマリーの泡を使うことなどにより、軽やかに仕立てている。（岩坪）

**バターナッツカボチャのスープ
生姜風味のヨーグルト添え**
甘みは控えめだがコクのあるバターナッツは、ポタージュにぴったりのカボチャ。（永田）

南瓜小豆

添えたのはバルサミコ酢風味のクリーム。
甘さと濃厚な酸味の組み合わせがおもしろい。（秋山）

材料（作りやすい量）
カボチャのペースト（＊）　500g
白あん（白あん1kgにグラニュー糖300g、水600ccを
　加えて練り上げたもの）　500g
アズキ粒あん　350g
グラニュー糖、黄柚子皮　各少量
バルサミコクリーム（市販）　少量

＊カボチャのペースト（作りやすい量）：カボチャ1個の種を除いて皮をむき、適当な大きさに切り、真空用の袋に入れて真空にする。スチームコンベクションオーブンのスチームモード90℃で4時間蒸す。冷えたらミキサーにかけ、ペーストにする。

1　カボチャのペーストと白あんを混ぜ合わせる。
2　流し缶の底にクッキングシートを敷き、1を1cmの厚さに敷く。
3　2の上に、アズキ粒あんを1cmの厚さに敷き、その上に再度1を敷く（カボチャと白あんのペーストで粒あんを挟んだ状態になる）。
4　3を180℃のオーブンで10分焼く。オーブンからとり出し、冷ましておく。
5　冷めたら流し缶からとり出し、食べやすい大きさに切る。上にグラニュー糖をふりかけ、バーナーであぶってキャラメリゼする。
6　器に盛り、すりおろした黄柚子の皮をふり、バルサミコクリームを添える。

かぼちゃとフォアグラ　濃厚に軽やかに

フォアグラは古代エジプトからローマ人に伝わり、ローマ人はガチョウにイチジクを食べさせてフォアグラを作った。ロンバルディアのモルターラでは、今でもこの方法で作るフォアグラが少量ながら生産されている。また同時に、ロンバルディア地方はカボチャの名産地でカボチャ料理が有名。
このフォアグラ、イチジク、カボチャを合わせ、自分なりに表現したのがこの料理。（岩坪）

材料（作りやすい量）
フォアグラのプレッサート
　フォアグラ・カナール　2対
　A（フォアグラの重量に対する％）
　　塩　1.4％
　　グラニュー糖　0.4％
　　白コショウ　0.2％
　　ホワイトポート酒　3％
B（カボチャのエスプーマ）
　カボチャ（蒸して皮をむき、裏漉したもの）　500g
　牛乳　100〜130g
　生クリーム（乳脂肪分42％）　100g
　アマレット　10g
　グラニュー糖　18g
　塩、白コショウ　各適量
C（ローズマリーの泡）
　ローズマリー　2枝
　水　400cc
　大豆レシチン　8g
アマレッティ、ドライイチジク、ヴィンコット　各適量

1 ドライイチジクは小さく放射状にカットし、アマレッティは砕いておく。
2 フォアグラのプレッサート:フォアグラを常温に戻し、スジや血管をとり除く。Aを加えて真空パックにし、冷蔵庫に一晩おいてマリネする。
3 翌日、常温に戻した2のフォアグラを、真空パックのままスチームコンベクションオーブンのスチームモード68℃に5〜7分入れ、ザルにあけてよく脂を切る。
4 ラップフィルムをはったテリーヌ型に3のフォアグラを敷き詰め、型の外側にたらしておいたラップで包み、上にも型をのせて重石をのせる。氷水をはったバットに入れて急冷した後、重石をしたまま冷蔵庫で1日締め、プレッサートにする。
5 カボチャのエスプーマ:Bの材料をすべて合わせ、適量をエスプーマ用のサイフォンに詰めおく。
6 ローズマリーの泡:Cの水とローズマリーを鍋に合わせて火にかけ、沸騰した瞬間に火を止めて蓋をし、10分蒸らす。容器に漉し入れ、大豆レシチンを加えてよく混ぜる。
7 4のプレッサートを1cm×4cmの長方形に切り、1のドライイチジクとともにヴィンコットで和える。
8 5のサイフォンを湯煎で温め、エスプーマを皿に少量出し、上に7のフォアグラとイチジクを3切れずつのせ、上にも5のエスプーマを絞る。1のアマレッティを散らし、6の液体をエアーポンプで泡立てた泡をのせる。

バターナッツカボチャのスープ
生姜風味のヨーグルト添え（永田）

材料（作りやすい量）
バターナッツカボチャのスープ
: バターナッツカボチャ　1個
: 牛乳　適量
: オリーブ油　適量
: 塩　適量
A
: ヨーグルト（プレーン）　200g
: 生姜（すりおろし）　20g
牛乳　適量
オキサリス、レッドバジル　各少量
E.V.オリーブ油　少量

1 バターナッツカボチャのスープ:バターナッツカボチャは半割りにして蒸し器で蒸し、皮と種をとり除き、牛乳とオリーブ油を加えてミキサーにかける。鍋に移して弱火にかけ、牛乳と塩で味を調える。
2 Aのヨーグルトにおろし生姜を加えて混ぜる。
3 牛乳を温めて、ハンドブレンダーで泡立てる。
4 器の底に2を入れ、上から1を注ぎ、3の泡をのせる。オキサリスとレッドバジルを散らし、E.V.オリーブ油を少量加える。

ナス（秋）

代表的な夏野菜のナスだが、9月ごろに収穫される秋ナスも、身が締まり、旨みが増しておいしいものが多い。

ウニとかぼちゃのソルベ なすの煮浸しとコンソメジュレ

揚げたナスの上にカボチャのソルベやウニ、
ライムのジュレ、コンソメのジュレを重ねて。
スプーンですくいながら、いろいろな味の組み合わせを
楽しんでいただきたい。（永田）

鰆の炭火焼き 焼き茄子のピュレ
脂ののった秋のサワラに
香ばしいナスのピュレを合わせた。（秋山）

焼き茄子とマスカットの酢の物
秋口のナスは香ばしく焼いて楽しみたい。
ナスのほろ苦さに、マスカットの酸味と
甘みと香りを加えた。（秋山）

ウニとかぼちゃのソルベ
なすの煮浸しとコンソメジュレ（永田）

材料（2人分）
ナス　2個
揚げ油　適量
コンソメ（二番）　適量
塩　適量
ドレッシング（p.107参照）　適量
エシャロット（みじん切り）　適量
カボチャのソルベ（作りやすい量）
　カボチャ　中1個
　牛乳　500cc
　オリーブ油　適量
　塩　適量
ライムのジュレ（作りやすい量）
　ライム果汁　50cc
　水　50cc
　葛粉　10g（同量の水で溶いておく）
コンソメジュレ（作りやすい量）
　コンソメ　1ℓ
　板ゼラチン　7g
生ウニ　適量
水菜（葉）　適量
ライムの皮（すりおろしたもの）　少量
オリーブパウダー（＊）　少量

＊オリーブパウダー：種抜き黒オリーブの水気を切り、電子レンジに10分かけて乾燥させ、ミキサーでパウダーにする。

1　ナスは一口大に切り、油で揚げる。
2　1のナスが温かいうちに、沸かしておいた二番コンソメに入れ、そのまま冷めるまでおく。
3　2のナスをとり出し、塩、ドレッシング、エシャロットを加えて和える。
4　カボチャのソルベ：カボチャは半割りにして、蒸し器で蒸す。やわらかくなったら皮と種を除き、牛乳とオリーブ油を加えて混ぜ、軽く塩で味を調えて、パコジェットのビーカーに入れて冷凍する。使うときに、パコジェットにかける。
5　ライムのジュレ：ライム果汁と分量の水を合わせて沸かし、水溶きした葛粉を加えて混ぜ、粗熱をとって冷蔵庫で冷やし固める。
6　コンソメジュレ：コンソメを温めて、戻したゼラチンを加えて溶かし、粗熱をとって冷蔵庫で冷やし固める。
7　3のナスを器に入れ、4のカボチャのソルベをのせ、生ウニをのせる。5のライムのジュレと、6のコンソメジュレを上にのせ、刻んだ水菜の葉をのせ、すりおろしたライムの皮とオリーブパウダーをふる。

鰆の炭火焼き 焼き茄子のピュレ

(秋山)

材料（2人分）
サワラ（切り身） 70g×2枚
千両ナス 2本
サラダ油 適量
A（ナスの漬け地）
　かつおだし 400cc
　薄口醤油 30cc
　酒 20cc
　塩 ひとつまみ
　※合わせる。
B
　生姜（みじん切り） 大さじ1
　きび砂糖 小さじ1/2
　薄口醤油 小さじ1
スプラウト各種 適量
菊花 適量
スダチ 1個
塩 少量

1　ナスを焼きナスにし、Aの漬け地に浸ける（右記作り方2～5参照）。
2　1からナスをとり出してボウルに入れ、漬け地を加えながらハンドブレンダーでやさしくつぶし、固さを調整する。
3　2にBを加えて味を調える。
4　サワラの皮に斜めの包丁目を4～5本入れ、塩を少量ふり、焼き台で焼く。
5　器に3のナスのピュレを敷き、4のサワラをのせる。
6　スプラウト各種を合わせてのせ、菊花を散らす。くし形に切ったスダチを添える。

焼き茄子とマスカットの酢の物

ブドウは自然な甘みや酸味を加えたいときによく使用する。(秋山)

材料（4人分）
千両ナス 2本
ブドウ（マスカット） 6粒
煎り大豆 適量
糸湯葉 適量
花穂紫蘇 適量
サラダ油 適量
揚げ油 適量
A（ナスの漬け地）
　かつおだし 400cc
　薄口醤油 30cc
　酒 20cc
　塩 ひとつまみ
　※合わせる。
加減酢（割合）
　かつおだし 6
　みりん 1.5
　薄口醤油 1.5
　濃口醤油 0.5
　米酢 1.5
　スダチ酢 0.5

1　加減酢を作る。米酢とスダチ酢以外を合わせて火にかけ、沸騰する直前で火を止めて2種の酢を加える。
2　ナスはヘタを切り落とし、ヘタと反対側の中央部分から縦に竹串を刺し、穴を開ける。
3　ボウルに2のナスとサラダ油を入れて転がし、油をまとわせる。
4　ガス台に網をのせて3のナスをのせ、直火で転がしながら焼く。
5　4が焼けたら、余熱が残っているうちに皮をむき（手に水をつけてむくとよい・ナスは水に浸けない）、Aの地に浸ける。
6　糸湯葉は素揚げする。煎り大豆は手で皮をむく。マスカットは薄い輪切りにする。
7　5のナスを一口大の輪切りにし、6のマスカットとともに器に盛る。1の加減酢をかけ、6の糸湯葉、煎り大豆、花穂紫蘇をのせる。

サトイモ

インド東部からインドシナ半島が原産。山に自生する山イモ（自然薯）に対し、里で栽培されるところからの呼び名。おもに肥大した地下茎を食用にする。中央にできる大きな親イモのまわりに子イモ、孫イモができ、どの部分を食べるかによって3種類に分けられる。

里芋のステーキ あわびの肝のソースで
もちもちとした食感が特徴の「大野芋」。
揚げて外側をカリッとさせると、
中身とのコントラストが生まれておいしい。（西岡）

里芋とナポレオンフィッシュのとろみスープ
里イモを白身の魚と合わせてスープに。
魚はタラなどでもよい。（西岡）

海老芋 嫁菜 八朔和え
エビイモを和え衣にし、香りのいいヨメ菜と、
酸味とホロ苦さが特徴のハッサクを和えた。（秋山）

揚げ海老芋 栗銀杏の旨煮
油分をまとったエビイモに
甘いたれをかけ、ギンナンのほろ苦さ、
焼いた栗の香ばしさを加えた。（秋山）

里芋のステーキ あわびの肝のソースで

相性のいい山椒を最後に挽きかける。(西岡)

材料(1人分)
里イモ(「大野芋」) 1個
昆布だし(＊) 適量
米粉 適量
揚げ油 適量
A(アワビの肝のソース。作りやすい量)
: アワビの肝 大さじ3
: 日本酒(煮切ったもの) 大さじ3
: オイスターソース 大さじ1
: 水溶き片栗粉 少量
花椒(ホワチャオ)(中国山椒) 少量

＊昆布だし(作りやすい量):鍋に水1ℓと昆布30gを合わせて火にかけ、60℃で1時間煮出して、漉す。

1 里イモは皮をむき、昆布だしで煮る(実際には1個ではなく、ある程度の個数を煮る)。
2 串が通るようになったら火からおろし、煮汁に浸けたまま冷ましておく。
3 2の水気をとり、米粉をつけ、160℃に熱した油で揚げる。
4 アワビの肝のソース:アワビの肝と日本酒を鍋に合わせ、ハンドブレンダーで撹拌し、オイスターソースを加えて火にかける。沸いたら、水溶き片栗粉を加えてとろみをつける。
5 4のソースを皿に敷き、上に3を盛り、花椒をミルで挽きかける。

※ 一般的に「里イモ」として売られているのは、親イモは食べずに子イモ、孫イモを食べる種類。これに対し、子イモがあまりできず親イモを食べる種類(タケノコイモなど)、子イモも親イモも食べる種類(八つ頭、エビイモなど)がある。

[大野芋]
福井県大野地方の特産品。肉質はきめが細かく、もちもちとした食感。締まりがよく、煮崩れしにくい。

里芋とナポレオンフィッシュの とろみスープ

とろみはしっかりつけたほうがおいしい。(西岡)

材料(2人分)
里イモ(「善光寺」) 3個
ナポレオンフィッシュ(切り身。タラでもよい) 40g
豚バラ肉(薄切り) 30g
絹漉し豆腐 120g
長ネギ(1cm厚さの小口切り) 15cm分
生姜(薄切り) 10枚
綿実油(サラダ油) 大さじ2
鶏スープ(p.34参照) 180cc
日本酒 30cc
コラトゥーラ(イタリアの魚醤) 大さじ1
水溶き片栗粉 適量
万能ネギ(小口切り) 少量
花椒(中国山椒) 少量

1 里イモは皮をむき、20分ほど蒸して、1cm角に切る。
2 ナポレオンフィッシュは、日本酒(分量外)を加えた湯でゆでる。身がほぐれるくらいになったら、軽くほぐしておく。
3 豚バラ肉は1cm幅に切り、豆腐は1cm角に切る。
4 中華鍋に綿実油を熱し、長ネギと生姜を入れる。香りが出たら豚バラ肉を入れて炒め、鶏スープと日本酒を加える。
5 4に1の里イモ、2のナポレオンフィッシュ、3の豆腐を入れる。コラトゥーラを加え、沸いたら水溶き片栗粉をまわし入れて、やや強めのとろみをつける。
6 器に盛り、万能ネギをのせ、花椒をミルで挽きかける。

[善光寺]
栃木県の一部地域で栽培されている品種。ねっとりとした肉質で、里イモ本来の味を凝縮したような味わい。

海老芋 嫁菜 八朔和え

食べるときに、粉山椒をかけてもよい。（秋山）

材料（4人分）
エビイモ（親イモ） 2個
A
　きび砂糖 大さじ2
　塩 少量
　薄口醤油 小さじ1
ハッサク 1個
ヨメ菜 50g
B
　かつおだし 200cc
　薄口醤油 10cc
　酒 10cc
　塩 ひとつまみ
　※合わせる。

1　エビイモの皮をむき、ゆでて裏漉し、Aで味つけする。
2　ハッサクはむいて、果肉をほぐす。
3　ヨメ菜はゆでて、Bに浸ける。
4　3の汁気を絞って適宜に刻み、2のハッサクとともに1のエビイモに加えて混ぜ合わせる。

※　エビイモは、里イモの一種である唐芋（トウノイモ）のひとつで、土寄せして栽培することによりイモ（おもに子イモ）が曲がり、エビのように見えるところからの名。親イモ、子イモ、孫イモすべて食べられる。京野菜のひとつで「京イモ」とも呼ばれるが、別種のタケノコイモも京イモの名で流通している。

揚げ海老芋 栗銀杏の旨煮

揚げることで、エビイモの
ねっとりとした食感が活きる。（秋山）

材料（4人分）
エビイモ（親イモ） 1個
A
　かつおだし 400cc
　薄口醤油 20cc
　酒 10cc
　塩 ひとつまみ
葛粉（または片栗粉） 適量
栗 8個
ギンナン 10個
酒 50cc
B
　昆布だし 200cc
　濃口醤油 30cc
　酒 10cc
　白砂糖 大さじ2
水溶き吉野葛 適量
揚げ油 適量
黄柚子皮 少量

1　エビイモを縦半分に切り、皮を厚くむく。米のとぎ汁、または米ぬかを加えた水で下ゆでする。
2　Aを鍋に合わせて1のエビイモを入れ、弱火で30分ほど炊く。
3　2を食べやすい大きさに切り、葛粉（または片栗粉）を打って、170℃の油で表面がカリッとするまで揚げる。
4　栗は鬼皮、渋皮をむいて3～4等分に切り、素焼きする。
5　ギンナンは殻と薄皮をむき、鍋に入れ、酒50ccを加えて酒煎りし、縦半分に切る。
6　Bを鍋に合わせて4の栗、5のギンナンを入れて熱し、水溶き葛でとろみをつける。
7　3のエビイモを器に盛り、6をかけ、すりおろした黄柚子の皮をふる。

ヨメ菜
キク科の多年草。若芽を摘んで食べる。

ビーツ

ヒユ科の植物。肥大した根を食用とする。英語では table beet（テーブルビート）、beetroot（ビートルート）などといい、フランス語では betterave（ベトラーヴ）。濃い赤紫色が特徴で、料理にはこの色を活かす使い方が多い。体にいい栄養を含むことから、日本でも近年注目度が高まっている。輸入品が多いが、国内でも長野県、愛知県、静岡県、北海道などで栽培されている。出回る時期は6月～7月と、11月～12月にかけて。

サンマと秋なす 赤ワインとビーツのジュレ

秋の素材を盛り合わせ、赤いジュレのシートで覆った。赤ワインとビーツで作るこのジュレのシートは、さまざまな使い方ができる。(武田)

材料
赤ワインのジュレシート
　ビーツ(すりおろし)　20g
　赤ワイン　500cc
　アガー　適量
サンマ　適量
塩、トレハロース　各適量
白キクラゲ　適量
A(ピクルス液)
　米酢、塩、砂糖　各適量
　ケッパーの漬け汁　少量
　タカノツメ　少量
ナス　適量
揚げ油　適量
B
　かつおだし　適量
　塩　少量
ペコロスのピクルス(ビーツと一緒に漬けたもの)　少量
ビーツのパウダー(＊)　適量
紫蘇のピュレ(＊＊)　少量

＊ビーツのパウダー：ビーツを薄切りにして食品乾燥機で乾燥させ、ミルでパウダーにしたもの。

＊＊紫蘇のピュレ：青紫蘇をゆで、やわらかくなったらホウレン草を少量加える。水気を切って冷やし、ミキサーで回してピュレにし、塩で味を調える。

1　赤ワインのジュレシート：赤ワインを鍋に入れて火にかけ、アルコールを飛ばし、すりおろしたビーツを加える。漉して、アガーを加え、バットに薄く流す。

2　サンマは三枚におろし、皮目に切り目を入れ、塩とトレハロースで3時間マリネする。

3　白キクラゲは戻し、Aのピクルス液を加えて真空パックにし、冷蔵庫に入れておく。

4　ナスは皮をむいて油で揚げ、熱いうちにBをかける。

5　器にビーツのパウダーを敷いて汁気を切った4のナスを盛り、2のサンマの皮目を軽くあぶって食べやすい大きさに切ってのせ、3の白キクラゲをのせ、ペコロスのピクルスをのせる。1の赤ワインのジュレシートをかぶせ、紫蘇のピュレを添える。

ビーツ

ビーツとアオリイカ

ビーツの色のインパクトをうまく使った一品。丸く抜いたビーツの下は、白いイカとナシの組み合わせ。(武田)

材料(1人分)
ビーツ(薄切り)　10枚
ブドウのヴィネガー(国産)　適量
アオリイカ(身)　25g
A
　生カラスミ(市販)　大さじ1
　アネット(みじん切り)　少量
　オリーブ油　適量
イカの肝のエスプーマ
　アオリイカの肝の塩辛(＊)　50g
　生クリーム　15cc
ナシ(皮をむいて小角に切ったもの)　小さじ1
イカスミのヴィネグレット(＊＊)　少量
ビーツのピュレ(p.90参照)　少量
ビーツのパウダー(p.177参照)　少量
ボリジの花　少量

＊アオリイカの肝の塩辛:アオリイカの肝を鍋に入れ、塩、酒、ごく少量の醤油を加えて火を入れる。冷蔵庫に1〜2日入れてねかせておく。ミキサーにかけてピュレにし、裏漉す。

＊＊イカスミのヴィネグレット:オリーブ油、レモン果汁、イカスミ、塩、カイエンヌペッパーで作ったヴィネグレットソース。

1　ビーツは直径4cmほどのセルクル型で丸く抜き、ブドウのヴィネガーを加えて真空パックにして1日おく。
2　アオリイカは表面に格子状の切り目を入れ、さっと湯通しする。水気をとった後、表面をバーナーで焼く。
3　2を5mm角ほどに切り、Aで味つける。
4　イカの肝のエスプーマ:アオリイカの肝の塩辛と生クリームを混ぜ合わせて、エスプーマ用のサイフォンに入れておく。
5　3のイカとナシを合わせ、皿にこんもりと盛り付ける。表面に1のビーツをはり付ける。
6　5の脇に4のエスプーマを絞り、ビーツのパウダーをふり、ボリジの花を飾る。イカスミのヴィネグレットをふりかけ、ビーツのピュレを添える。

ビーツと牛肉のタルタル

イメージはユッケ。ビーツの色を効果的に使った。（武田）

材料（1人分）
ビーツ（ゆでたもの）　20g
A
　シェリー酒、ノワゼット油　各適量
　マスタード、塩　各少量
燻製牛肉（牛肉を、燻製器で軽い燻製にしたもの）
　20g
ノワゼット油　適量
冷凍卵黄（殻付きの生卵を冷凍し、解凍してとり
　出した卵黄）　1個
もなかの皮　2枚
松の実　少量
オキサリス　適量
ビーツのパウダー（p.177参照）　少量

1　ゆでたビーツは小角に切り、Aで和えておく。
2　燻製牛肉は小角に切る。
3　1のビーツと2の牛肉を合わせ、ノワゼット油を加えて混ぜ合わせる。
4　3をもなかの皮に詰め、適当な大きさに切った冷凍卵黄をのせ、松の実とオキサリスを散らす。ビーツのパウダーをふる。

キノコ

天然ものと栽培ものがある。キノコを料理の主役にするなら天然もの、あるいは栽培ものであっても抜きんでた特徴のあるものを使いたい。（※写真は本書中の料理に使用した天然キノコの一部）

国産天然キノコ

ナメコ

コガネタケ

ハタケシメジ

ブナハリタケ

アミタケ（ゆでたもの）

コウタケ

松茸

現在人工栽培はできず、すべて天然もの。おもにアカマツの林に生える。国内では長野県、岩手県、山形県、京都府、兵庫県、和歌山県、岡山県、広島県などが産地として有名だが、近年は中国や韓国などからの輸入ものも多く流通している。

輸入天然キノコ

ポルチーニ（イタリア産）
狭義ではイグチ科のヤマドリタケを指す。日本ではイタリア語名のポルチーニ（porcini）が一般的に使われる。またフランス語名のセップ（cèpe）とも呼ばれる。栽培はできず天然もののみ。生はおもにイタリアやフランスからの輸入品がレストランで使用される。旬は9月中〜11月ごろだが、地域によっては8月下旬ごろに採れるものもあり、サマーポルチーニと呼ばれる。

トリュフ
セイヨウショウロ科のキノコ。カシやナラなどの根に寄生する。掘り出す際に、かつては豚が使用され、現在は訓練された犬が使用されることが多い。おもに冬に採れる黒トリュフと、秋に採れる白トリュフが使われる。黒トリュフはフランスのプロヴァンス地方、スペイン、イタリアなどが主産地。白トリュフの有名な産地はイタリアのピエモンテ州で、特にアルバ産が高品質といわれる。収穫時期が短く、貴重で高価。その他夏に採れる夏トリュフ（サマートリュフ）、夏トリュフと黒トリュフの間に出回る秋トリュフもある。

黒トリュフ（フランス産）

秋トリュフ（イタリア産）

白トリュフ（イタリア産）

秋田県白神山地から届いた天然キノコのソテー
パルミジャーノ・レッジャーノのリゾット、ザバイオーネ

味も香りも栽培ものとはまったく異なる、天然のキノコの魅力を
前面に出したいと思い、このような仕立てに。
天然キノコは、毎年秋田県の白神山地から届けていただいている。（岩坪）

材料（2人分）
A（ある日の天然キノコ）
　マイタケ、アミタケ、ハタケシメジ、ナメコ、
　　コウタケ、ブナハリタケ、コガネタケ
　　各適量
ニンニクオイル（＊）　適量
B（ザバイオーネ。作りやすい量）
　全卵　5個
　マルサラ・セッコ　45g
　マルサラ・ドルチェ　45g
　太白ゴマ油　80g
　塩　4g
　ジェルエスペッサ（増粘剤）　3g
C（リゾット）
　カルナローリ米　40g
　無塩バター　適量
　パルミジャーノ・レッジャーノ・チーズ
　　（すりおろし）　適量
　オリーブ油　適量
　塩　適量
キノコのピュレ
　Aと同じ天然キノコをオリーブ油でソテーして
　　塩をし、玉ネギのフォンドゥータ（＊＊）と
　　合わせてミキサーにかけたもの。

＊ニンニクオイル：ニンニクを半分に切り、オリーブ油とともにフライパンに入れて火にかけ、ニンニクがキツネ色になるまでゆっくり加熱してとった油。

＊＊玉ネギのフォンドゥータ：玉ネギをスライスし、オリーブ油でゆっくり長時間スュエしてクタクタにしたもの（あまり色づかせないよう、途中で水分を少量ずつ足しながら調整する）。

1　ザバイオーネ：Bの全卵を、スチームコンベクションオーブンのスチームモード64℃に20分入れる（ゆでてもよい）。
2　マルサラ・セッコとドルチェを鍋に合わせて火にかけ、アルコールを飛ばす。
3　1、2とその他のBをすべて合わせ、ハンドブレンダーで撹拌して乳化させる。エスプーマ用のサイフォンに入れて、65℃の湯煎で温めておく。
4　Aの天然キノコを適当な大きさに切り（必要であればため水で洗い）、ニンニクオイルでそれぞれソテーする。
5　リゾット：小鍋にオリーブ油をひき、Cのカルナローリ米を炒める。沸騰した湯をひたひたに加え、塩をする。少しずつ湯を足しながら加熱し、アルデンテになったらバターとパルミジャーノ・チーズを加え、木杓子で混ぜながらとろみをつける。
6　5のリゾットを皿に盛り、3を絞り出す。横にキノコのピュレを敷いて（すべり止め兼、リゾットとのつながりをよくするため）4のキノコを添える。

王様椎茸のソテー 紫芋のチップ

肉厚で味の濃い「王様しいたけ」を主役にした一品。
紫イモは色が美しく、器に映える。(秋山)

アイナメのインパデッラ 王様椎茸、ウインターパースレイン、チッチョリ、アサリのエキスのヴィネグレット

「王様しいたけ」を生、ソテー、ピュレ、泡の4種類の
調理法で仕立て、カリッと焼いたアイナメとともに
味わっていただく趣向。(岩坪)

王様椎茸のパン粉焼き

アミューズの一品としてお出ししているもの。
このシイタケのおいしさをストレートに活かすなら、
シンプルなパン粉焼きがいちばん。(岩坪)

王様椎茸のソテー 紫芋のチップ

「王様しいたけ」は、焼いてオリーブ油と塩、
あるいは生姜醤油などで
食べるだけでもおいしい。（秋山）

材料（作りやすい量）
王様シイタケ　1個
紫イモ（紫色のサツマイモ）　1/2本
玉ネギのスプラウト　適量
生姜（すりおろし）　適量
オリーブ油　適量
無塩バター　小さじ1
濃口醤油　小さじ1
揚げ油　適量

1　王様シイタケを縦4枚に切り、オリーブ油をひいたフライパンで、ゆっくりソテーする。
2　両面とも焼いたらバターを加え、少し経ったら濃口醤油をかける。
3　紫イモはスライスし、素揚げする。
4　器に2のシイタケを盛り、おろし生姜、玉ネギのスプラウトをのせる。3の紫イモのチップを散らす。

王様椎茸のパン粉焼き（岩坪）

材料（作りやすい量）
王様シイタケ（カサの直径が9〜10cmのもの）　2個
オリーブ油、パン粉、塩　各適量
A
　イタリアンパセリ、タイム、ニンニク、松の実、
　　アンチョビー、ケッパー　各適量
B
　王様シイタケのピュレ（次頁作り方1、2参照）　適量
　白ワインヴィネガー　適量
　ディジョンマスタード　適量
　パン粉　適量

1　王様シイタケは軸を切りとる。軸はみじん切りにし、オリーブ油でじっくりスュエする。
2　Aはすべて、みじん切りにする。
3　1のシイタケの軸と2、Bを混ぜ合わせる。
4　1の王様シイタケのカサの内側に塩をふり、3を詰める。パン粉を少量ふる。
5　パン粉側を上にして230℃のオーブンに入れ、10〜12分焼く。食べやすい大きさに切る。

[王様しいたけ]
北海道七飯町の福田農園が生産・販売しているシイタケ。一般的な品種のシイタケを、より自然の状態に近い菌床で育てることにより、驚異的な大きさを実現。旨みが強く、主役になるシイタケとして、さまざまなジャンルの料理に使用されている。

アイナメのインパデッラ 王様椎茸、ウインターパースレイン、チッチョリ、アサリのエキスのヴィネグレット（岩坪）

材料（2人分）
アイナメ　120g
王様シイタケ　適量
ウインターパースレイン　少量
豚皮　適量
塩　適量
揚げ油　適量
オリーブ油　適量
A（王様シイタケのピュレ。作りやすい量）
　王様シイタケ　250g
　乾燥王様シイタケ　250g
　無塩バター　25g
　E.V.オリーブ油　適量
　塩　適量
B（アサリのエキスのヴィネグレット）
　アサリ　適量
　レモン果汁　適量
　ディジョンマスタード　適量
　太白ゴマ油　適量
C（シイタケの泡）
　乾燥王様シイタケ　適量
　大豆レシチン　適量

1. 王様シイタケのピュレ：Aの乾燥王様シイタケを水に浸けて戻し（戻し汁はとりおく）、薄切りにする。生の王様シイタケも薄切りにする。
2. E.V.オリーブ油をひいた鍋に、1のシイタケを両方入れてスュエし、1の戻し汁を注いで煎る。やわらかくなったらミキサーに入れて回し、無塩バターを加えてなめらかなピュレにする。塩で味を調える。
3. アサリのエキスのヴィネグレット：Bのアサリを鍋に入れ、かぶるくらいの水を加えて強火にかけ、沸いたら弱火にし、常にアサリが水に浸かっているように途中で水を足しながら3時間煮出す。リードペーパーで漉して鍋に戻し、とろっとした濃度がつくまで弱火で煮詰める。冷ました後、レモン果汁、ディジョンマスタードを加え、太白ゴマ油を少しずつ加えながら泡立て器で混ぜ合わせて乳化させる。
4. シイタケの泡：Cの乾燥王様シイタケを水に浸けて戻し、戻し汁とともに鍋に入れて火にかける。沸いたらリードペーパーで漉して、冷ます。冷めたら大豆レシチンを加えてハンドブレンダーで攪拌する。
5. 豚皮は塩ゆでし、脂を包丁でそぎとった後、2cm角に切る。フードドライヤーに入れ、65℃で12時間乾燥させる。油で揚げ、塩をふる。
6. アイナメを三枚におろし、塩をふる。テフロン加工のフライパンに皮目から入れて9割ほど焼き、裏返して数秒でとり出す。食べやすい大きさに切る。
7. 王様シイタケは、生のまま薄切りにしたものと、くし形に切り分けてオリーブ油でソテーしたものを用意する。
8. 器に2のシイタケのピュレを敷き、6のアイナメ、5の豚皮を盛り、7のシイタケ、3のアサリのヴィネグレット、4のシイタケの泡、オリーブ油、ウインターパースレインを散らす。

ウインターパースレイン
スベリヒユ科の一年草。葉はやわらかく、若干のぬめりと微かな酸味がある。

松茸と鰻
薄くスライスした生の松茸をたっぷりとのせ、
香りや食感を楽しんでいただく。(武田)

耐熱フィルム蒸し 土瓶蒸し風
便利な耐熱フィルムを活用した一品。
お客様の目の前でフィルムを開けば、
いちばんいい香りを楽しんでいただける。(秋山)

マッシュルームとトリュフのアミューズ
マッシュルームの白とトリュフの黒。
色の組み合わせが印象的な一品。（武田）

エシャロットのロースト、玉ネギの
エッセンス、卵、アルバ産白トリュフ
卵と白トリュフは、とても相性のいい組み合わせ。（岩坪）

松茸と鰻（武田）

材料（作りやすい量）
松茸　1本
ウナギ（おろした身）　1枚（※1人分15g×2カット使用）
枝豆（ゆでてサヤと薄皮をむいたもの）　大さじ1
木の芽　少量
アサツキの花　少量
ジュ・ド・ヴィアンド　小さじ1
貝のだし（＊）　適量
無塩バター　適量
塩、日本酒　各適量

＊貝のだし：アサリを鍋に入れて水をひたひたに加え、酒を適量加えて15〜20分ほど煮出し、漉してとった汁。

1　松茸は掃除し、カサと軸に切り分け、軸は小角に切っておく。
2　ウナギは塩と酒をふり、1時間蒸す。冷蔵庫で冷やしておく。
3　鍋にバターを入れて火にかけ、1の松茸の軸を入れ、貝のだしを加えてスュエする。しんなりしたらジュ・ド・ヴィアンドを加え、枝豆を入れて、塩で味を調える。
4　2のウナギは、サラマンダーで皮目をパリッと焼き、食べやすい大きさに切る。
5　3を器に盛り、4のウナギをのせ、1の松茸のカサの部分をスライサーで薄くスライスしてのせる。木の芽とアサツキの花を添える。

耐熱フィルム蒸し　土瓶蒸し風（秋山）

材料（2人分）
金目鯛（切り身）　60g×2枚
松茸　1本
ギンナン　4個
ブドウ（巨峰）　2粒
ミツバ　4本
塩　適量
A
・かつおだし　300cc
・薄口醤油　40cc
・酒　20cc
・みりん　10cc
・塩　ひとつまみ
◎耐熱フィルム（35cm×35cmの大きさに切ったもの）、結束バンド

1　金目鯛に軽く塩をふり、焼き台で半生に焼く。
2　松茸は食べやすい大きさのくし形に切る。ギンナンは殻と薄皮をむく。巨峰は皮をむく。ミツバ（生）は2本ずつ束ねて結んでおく。
3　ボウルに耐熱フィルムをのせ、1、2の材料を入れてAを注ぐ。フィルムで全体を包むようにし、結束バンドでとめる。
4　3を100℃の蒸し器に入れ、10分蒸す（仕上げにフライパンにのせて火にかけ、沸騰させてもよい）。
5　4を鉢形の器に入れ、結束バンドの下のフィルムをハサミで切って提供する。

マッシュルームとトリュフのアミューズ

合わせて食べたときに、口に広がる
味と香りも贅沢。(武田)

材料(1人分)
マッシュルーム　10個(作りやすい量)
トリュフ(スライス)　10枚
フィユタージュ　直径5cm×2枚
ヘーゼルナッツ　少量
マッシュルームの燻製パウダー(＊)
無塩バター、塩　各適量
サワークリーム　適量
ヘーゼルナッツ油　少量

＊マッシュルームの燻製パウダー：マッシュルームパウダーを燻製にしたもの。

1　マッシュルーム8個はみじん切りにし、バターでスュエして塩で味を調える。トリュフの半端な切れ端(分量外)も、みじん切りにして加える。ミキサーにかけてピュレにする。
2　フィユタージュはプレスして円形に抜き、焼き切る。
3　残りのマッシュルーム2個は、スライサーで横にごく薄くスライスする(15枚)。
4　サワークリームは、エスプーマ用のサイフォンに入れておく。
5　2のフィユタージュの上に、1のピュレを敷き、3のマッシュルームとトリュフを交互にミルフィーユのように重ねてのせる。
6　5を器に盛り、ヘーゼルナッツを削りかけ、マッシュルームの燻製パウダーをふる。4のサワークリームのエスプーマを絞って添え、その上にヘーゼルナッツ油をかける。

エシャロットのロースト、玉ネギのエッセンス、卵、アルバ産白トリュフ

ローストした玉ネギの、香ばしくてやさしい
香りと甘みが溶け込んだエッセンスを合わせた。
(岩坪)

材料(4人分)
エシャロット　2個
玉ネギ　2個
卵　4個
白トリュフ(アルバ産)　適量
マルドン・クリスタル・ソルト　適量
塩　適量
白ワインヴィネガー　適量

1　エシャロットを皮付きのままアルミホイルで包む。バットにのせた網の上にのせ、200℃のオーブンで1時間半ほど火を入れる。皮をむき、縦に半割りにする。
2　玉ネギも、1と同様にして2時間半ほど火を入れ、皮をむいて2cm角に切る。細か目のメッシュのザルにのせてボウルを重ね、重石をのせてゆっくりと玉ネギのエッセンスを抽出する。
3　卵を、スチームコンベクションオーブンのスチームモード65℃で20分加熱する(ゆでてもよい)。
4　沸騰した湯に塩、白ワインヴィネガーを入れて、3の卵を割り入れ、40秒ほどゆでる。キッチンペーパーにとる。
5　2を温めて塩で味を調える。
6　1のエシャロットをオーブンで温めて塩をふり、器に盛る。4の卵をのせ、5を注ぐ。卵にマルドン・クリスタル・ソルトをかける。白トリュフを客前ですりおろしてかける。

うずみ豆富 黒トリュフ
黒トリュフを相性のいい白味噌と合わせ、
贅沢に楽しむ一品。(秋山)

キタアカリと玉ネギのプレッセ　　　　　　　　　　セロリラブ　燻製ヨーグルト
フォアグラのポワレ、トリュフソース
焼いた玉ネギの香りとトリュフ、　　　　　　　　　根セロリとトリュフで作る、ちょっと贅沢な
焼いたジャガイモの香りとフォアグラがよく合う。　グラタン・ドフィノワ。といったイメージ。（武田）
そしてそれらをまとめるトリュフのしっかりとしたソース。
どの素材もはずすことのできない料理。（永田）

うずみ豆富 黒トリュフ（秋山）

材料（4人分）
絹漉し豆腐　1/2丁
A（だし飯）
　米　1合
　かつおだし　170cc
　薄口醤油　20cc
　酒　10cc
　塩　少量
味噌汁
　かつおだし　200cc
　白味噌　20g
　※だしを熱して白味噌を溶く。
黒トリュフ　適量

1　豆腐を横4等分に切る。
2　Aでだし飯を炊く。
3　椀に1の豆腐を1枚ずつおき、2のだし飯を適量のせる。
4　3に味噌汁を注ぎ、スライスした黒トリュフをのせ、更に黒トリュフを削りかける。

キタアカリと玉ネギのプレッセ フォアグラのポワレ、トリュフソース

野菜は水分を飛ばすことで甘みが出る。
それにより調味料を控えることができる。(永田)

材料（10人分）
ジャガイモ（「キタアカリ」。大）　8個
玉ネギ　10個
黒トリュフ　適量
フォアグラ　40g×10
塩、無塩バター　各適量
トリュフソース
　フォン・ド・ヴォライユ　1ℓ
　生クリーム　500cc
　黒トリュフ（みじん切り）　100g
　レモン果汁　適量
　塩　適量

1　ジャガイモの皮をむき、四角く切り整えた後、マンドリーヌでスライスする。
2　玉ネギは皮をむいて薄切りにし、平鍋に入れ、極少量の水を入れて火にかけ、蓋をしながら炒める。やわらかくなったら蓋をとり、水分を飛ばしながらあめ色になるまで炒める。
3　テリーヌ型に1のジャガイモを3層敷き詰め、その上2の玉ネギを入れ、再びジャガイモを3層重ねる。テリーヌ型の縁までこれを繰り返して詰めたら蓋をして、湯煎にし、180℃のオーブンで1時間半ほど火を入れる。オーブンからとり出して重石をし、1日おいて冷ます。
4　トリュフソース：フォン・ド・ヴォライユを煮詰め、生クリームを加えて更に煮詰め、みじん切りにしたトリュフを加え、レモン果汁、塩で味を調える。
5　3を型からとり出し、1人前の厚さに切り、バターを溶かしたフライパンに入れて弱火で表面を焼き、仕上げに軽く塩をふる。
6　5と同時に、塩をしたフォアグラを別のフライパンでソテーする。
7　器に5を盛り、上に6のフォアグラをのせる。薄く削ったトリュフをまわりに並べ、4のソースをかける。

セロリラブ 燻製ヨーグルト（武田）

材料（1人分）
根セロリ（スライサーでスライスしたもの）　約10枚
黒トリュフ（スライサーでスライスしたもの）　約10g
生クリーム　適量
A（燻製ヨーグルト）
　ヨーグルト（プレーン）　大さじ3
　生クリーム　大さじ3
　塩、コショウ　各適量

1　生クリームを半量になるまで煮詰める。
2　根セロリとトリュフのスライスを、直径6cmのセルクル型で抜く。
3　間に1を塗りながら、2の根セロリとトリュフを交互に重ねてセルクル型の中に詰める。
4　3を120℃のオーブンに25～30分入れて火を入れ、型からとり出す。
5　燻製ヨーグルト：Aのヨーグルトに塩、コショウをして軽く燻製にし、生クリームを加えて、エスプーマ用のサイフォンに入れる。
6　4を半分に切って器に盛り、上にもトリュフのスライス（分量外）をのせる。脇に5のエスプーマを絞る。

根セロリ

セリ科の植物。原産は地中海盆地といわれる。肥大した根茎を食用とする。別名セロリアック、セロリラブなど。味や香りはセロリに似ているが、セロリよりやさしい味わい。国内でも北海道などで栽培されているが、出回っているものの多くは輸入ものである。

果物・栗

秋・冬のイメージが強いブドウ、リンゴ、柿などの果物や栗は、前菜やデザートに使用すると季節感が出る。

フルーツの生春巻き
透明なライスペーパーに透けて見える、色とりどりのフルーツが、なんとも美しい。とても喜ばれるデザートのひとつ。(秋山)

柿と紅玉の白和え 林檎最中
秋のフルーツを白和えにして、
かわいらしいリンゴ形のもなかの皮に詰めた。（秋山）

柿のロースト レンコンのピュレとチップス、赤水菜、紫からし菜、パクチー、ペコリーノ
甘い柿の外側をローストして香ばしさを加え、
レンコンや葉野菜を合わせた。（岩坪）

栗のエスプーマ コーヒーの香り
おいしい栗は、あまり強い味つけは必要ない。
ここでは煮詰めたみりんでやさしい甘みを加え、
アクセントにフォアグラを添えている。（武田）

フルーツの生春巻き（秋山）

材料（4個分）
ライスペーパー（乾燥）　1枚
アズキあん（こしあん）　60g（※1個につき15g使用）
イチゴ　5個
キウイ　1/2個
バナナ　1/2本
アーモンド（ローストして刻んだもの）、塩　各適量

1　イチゴはヘタをとり、キウイとバナナは皮をむく。すべて5mm角に切り、合わせる。
2　ライスペーパーは4等分の扇形に切る。まな板を水で湿らせておき、ライスペーパーを水にくぐらせて、まな板の上に敷く。
3　2の上に1のフルーツとこしあんを4等分（1個分）ずつのせ、巻き込む。
4　器に盛り、刻んだアーモンドと塩を添える。

柿のロースト　レンコンのピュレとチップス、赤水菜、紫からし菜、パクチー、ペコリーノ

素揚げしたパクチーの根も
いいアクセントになっている。（岩坪）

材料（2人分）
柿（やわらかすぎないもの）　1個
レンコン　30g
レンコンのピュレ（作りやすい量）
　レンコン（皮をむいて厚めにスライス）　200g
　玉ネギ（スライス）　50g
　昆布だし　200cc
　無塩バター　15g＋60g
　ニンニク　適量
葉野菜
　赤水菜　適量
　紫カラシ菜　適量
　パクチー（香菜）　適量
ペコリーノ・ロマーノ・チーズ　適量
塩、無塩バター　各適量
赤ワインヴィネガー、E.V.オリーブ油　各適量
パクチー（香菜）の根　適量
揚げ油　適量

1　レンコン30gを薄くスライスし、150℃の油で素揚げし、上がりに塩をふる。
2　レンコンのピュレ：ニンニクを包丁の腹でつぶし、バター15gと鍋に合わせて弱火にかける。キツネ色になったらニンニクをとり除き、鍋に玉ネギを入れてスュエし、厚めにスライスしたレンコンを入れて炒める。昆布だしを注いで炊く。
3　別鍋にバター60gを入れて中火で熱して焦がしバターにし、2のレンコンがやわらかくなり、水分が少なくなったところに加える。ミキサーにかけてピュレにする。
4　柿は皮をむいてくし形に切り、バターをひいたフライパンに入れてからませ、オーブンに入れてローストする。
5　葉野菜を塩、赤ワインヴィネガー、E.V.オリーブ油で和える。
6　パクチーの根を、150℃の油で素揚げする。
7　3のピュレ、4の柿のロースト、1のレンコンチップ、5の葉野菜、6のパクチーの根を皿に盛り、ペコリーノ・ロマーノ・チーズを削りかける。

紫カラシ菜
サラダカラシ菜とも呼ばれる品種の野菜。ほんのりとしたカラシ風味が感じられる。

赤水菜
茎が赤い水菜。

柿と紅玉の白和え 林檎最中

白和え衣はカッテージチーズのような感覚で使え、さまざまな白和えのバリエーションが可能。(秋山)

材料(4人分)
白和え衣(作りやすい量)
- 木綿豆腐 1丁
- A
  - ゴマペースト(白) 大さじ1
  - きび砂糖 小さじ1½
  - 薄口醤油 小さじ1
  - 塩 ひとつまみ
  - 牛乳 30cc
- 溶きガラシ 大さじ1
- 春菊 2株
- 柿 1/2個
- リンゴ(紅玉) 1/2個
- クルミ(ローストして砕いたもの) 大さじ1
- リンゴ形のもなかの皮 適量

1 白和え衣を作る。豆腐にさらしを巻いて重石をし、1時間おいて水分を抜き、フードプロセッサーに入れ、Aで味をつけながら攪拌してなめらかにする。
2 春菊は葉の部分のみを摘み、ゆでて水気を切り、刻む。
3 柿は皮をむき、リンゴは皮付きのまま、それぞれ5mm角に切る。
4 1の白和え衣(全量)に溶きガラシと3、クルミを加えて混ぜ合わせる。
5 もなかの皮を軽くあぶり、4の白和えを詰める。

栗のエスプーマ コーヒーの香り (武田)

材料(作りやすい量)
- 和栗 300g
- フォアグラ 15g
- みりんのレディクション (みりんをとろとろに煮詰めたもの) 20cc
- A
  - 牛乳 100cc
  - 生クリーム 100cc
  - 無塩バター 300g
- 牛乳 適量
- 塩、コショウ 各少量
- コーヒー豆 少量
- バニラオイル 適量

1 栗は鬼皮、渋皮をむき、100℃のスチーム(スチームコンベクションオーブン)でやわらかくなるまで火を入れる。
2 1の栗を2〜3粒とりおき、それ以外をすべて鍋に入れ、Aを加えて火にかけ、煮崩れるまで火を入れる。
3 2をミキサーに入れ、なめらかになるまでよく回してピュレにする。裏漉して、みりんのレディクションを少量加えて味を調える。一部を残し、残りをエスプーマ用のサイフォンに入れておく。
4 フォアグラは塩、コショウをしてポワレする。
5 残しておいた3のピュレを器に適量入れ、4のフォアグラをのせる。2でとりおいた栗ものせる。上に3のエスプーマを絞り、更に牛乳をハンドブレンダーで泡立てて注ぐ。コーヒーを削りかけ、まわりからバニラオイルを流す。

柿　　リンゴ

栗

カブ

アブラナ科の野菜で、細いヒゲ状の根の上の、肥大した「胚軸」と呼ばれる部分や葉を食べる。世界中でさまざまなカブが栽培されているが、大きくは東洋型と西洋型に分けられる。日本では西日本に東洋型が、東日本に西洋型が多い。もっとも一般的な小カブは通年出荷されるが、甘みが増しておいしいのは冬である。（※写真は本書中の料理に使用したカブの一部）

［まるちゃん］
やわらかく、甘みのある小カブ。クセは少なく、サラダなどの生食にむく。

［あやめ雪］
紫と白のグラデーションが美しい小カブ。緻密な肉質で甘みが強く、生食にむいている。サラダや漬け物にするとおいしい。

［あかくら蕪］
全体が鮮紅色の赤カブ。肉質は緻密でやわらかく、独特の風味と香りがある。漬け物に最適。

［聖護院カブ］
直径15cm以上になる大カブ。「京の伝統野菜」のひとつにも指定されている。千枚漬けの材料としておなじみ。京都府の亀岡盆地の中にある篠地区が、最適の産地となっている。

蕪のショーフロワ

生のカブと軽く火を入れたもの、ペースト、葉で作る泡を一皿に盛り合わせ、カブをいろいろな形で楽しんでいただく。(永田)

材料（1人分）
カブ　2個
カブの葉　適量
塩　適量
エシャロット（みじん切り）　適量
ドレッシング（p.107参照）　適量
カブペースト
　カブ　適量
　オリーブ油　適量
カブの葉の泡
　カブの葉　適量
　レシチン　適量
シトロンヴィネガーソース（市販のシトロンヴィネガーを、半量ほどに煮詰めたもの）　適量
オレガノ（葉）　適量
オリーブパウダー（p.170参照）　適量

1 カブは葉を切り落とし、皮付きのままの実1個を、水を少量入れたシリコンスチーマーに入れ、700Wの電子レンジに3分かける。
2 もう1個の生のカブは、縦に5mm厚さに切り、塩、ドレッシング、エシャロットで和える。
3 カブの葉は塩、ドレッシング、エシャロットで和える。
4 カブペースト：別のカブの実を角切りにして、少量の水でゆでる。水分がなくなったらミキサーに入れ、オリーブ油を加えながら撹拌する。
5 カブの葉の泡：別のカブの葉をゆでて、レシチンを少量加えてハンドブレンダーで泡立てる。
6 4のカブペーストを皿に敷き、1と2のカブ、5のカブの葉の泡を盛り付ける。シトロンヴィネガーソース、オレガノの葉、オリーブパウダーを散らす。

蕪のグラタン 鮎のオランデーズソース

2種類のカブを組み合わせ、
アユの風味を加えたオランデーズソースでグラタンに。(西岡)

材料(1人分)
カブ(「まるちゃん」、「あやめ雪」。葉の付いた部分を水平
　に切り落とし、縦半分に切ったもの)　各1/2個
酒　適量
アユのオランデーズソース(＊)　大さじ1½
花椒(中国山椒)　少量
　ホワチャオ

1　2種類のカブは酒をふって蒸し器に入れ、10〜
　　15分蒸す。
2　1のカブを、切り口を合わせて器に盛り、アユの
　　オランデーズソースをかけてバーナーであぶり、
　　花椒をミルで挽きかける。

＊アユのオランデーズソース

材料(作りやすい量)
卵　1個
綿実油(サラダ油)　200cc
シェリーヴィネガー　12g
鮎醤油(アユの魚醤)　7g

すべての材料を、ハンドブレンダーで混ぜ合わせる。

小蕪のフリット

カブは火を入れるのが難しい野菜。ここではスープで煮てから揚げている。
食べると、カブが含んだスープの味が口に広がる。（西岡）

材料（2人分）
小カブ　1個
黄金カブ　1/2個
鶏スープ（p.34参照）　適量
昆布　4〜5cm角
小麦粉　適量
フリット生地
  薄力粉　100g
  ビール　140g
  グラニュー糖　1g
  ベーキングパウダー　1g
  インスタントドライイースト　1g
  ※混ぜ合わせる。
揚げ油　適量
スダチ　1/2個
花椒塩（塩4：花椒粉1＊で混ぜ合わせたもの）
　適量

＊花椒粉：粉末の中国山椒。

1　小カブは縦半分ほどに切る。黄金カブは皮をむき、小カブの大きさにそろえて切る。
2　鍋に鶏スープと昆布、1のカブを入れて火にかけ、串が通るようになるまで煮る（5〜7分）。火からおろし、そのまま冷ましておく。
3　2のカブの水気を切り、小麦粉をつけてフリット生地にくぐらせ、160℃に熱した油に入れて揚げる。
4　油を切って器に盛り、花椒塩とスダチを添える。
※　写真は2種のカブを別々に煮たものを揚げている。黄金カブのほうはむいた皮とともに煮ているので、皮の色が実に移り、より黄色く仕上がっている。

黄金カブ
西洋カブの一種で、表皮が黄金色をしているところからの名。中も黄色で肉質は緻密。煮崩れしにくい。皮は硬いので、皮をむいて使用する。

赤蕪の南蛮漬け

「あかくら蕪」は、表皮全体が赤い品種。味の濃さを活かして南蛮漬けに。(西岡)

材料（4人分）
赤カブ（「あかくら蕪」） 2個
揚げ油 適量
玉ネギ（薄切り） 1/2個分
生姜（薄切り） 10枚
日本酒 180cc
A
　中国醤油（濃口） 大さじ1
　塩 小さじ1
　グラニュー糖 大さじ3
　米酢 大さじ5
　タカノツメ 2本
　ゴマ油 大さじ1

1. 赤カブは、それぞれ6等分のくし形に切り、160℃に熱した油に入れて、まわりがカリッとなるまで素揚げする。
2. 鍋に日本酒を入れて沸かした後、Aを入れ、玉ネギと生姜も加える。アルコールが完全に飛んだら火からおろして保存容器に移し、1の赤カブを漬けて1日おく。

聖護院かぶら鍋 甘鯛鱗揚げ 水菜 車海老 柚子 山葵

かぶら蒸しの鍋バージョン。聖護院カブは千枚漬けの材料としておなじみだが、もちろん炊いてもおいしい。(秋山)

材料(1人分)
聖護院カブ　1/8個
甘鯛(鱗を付けて切り身にしたもの)　30g
車エビ　1本(35g)
水菜　少量
A
　かつおだし　200cc
　薄口醤油　30cc
　酒　10cc
　塩　少量
水溶き吉野葛　適量
黄柚子皮、わさび(すりおろし)　各適量
揚げ油　適量

1　甘鯛は鱗を付けて三枚おろしにした後、30gの切り身にし、金串を刺して鱗面のみ高温の油で揚げる。身の面は炭火焼きにする。
2　車エビは串を縦に刺して、7〜8分ゆでて、殻をむく。
3　聖護院カブはすりおろす。
4　水菜はゆでて、2cm幅に切る。
5　Aを鍋に合わせて熱し、3を入れ、水溶き吉野葛でとろみをつけ、4の水菜を入れる。
6　5を小鍋に移し、1の甘鯛、2の車エビを入れる。エビの上におろしわさびをのせ、すりおろした黄柚子の皮をふる。

香箱蟹と赤蕪 蕪のすり流し

生でも食べられるカブだが、油分を少しまとわせることで、揚げたカブのおいしさも加えた。
カブの白と赤、カニのオレンジ色と、色のコントラストも美しい。（秋山）

材料（2人分）
香箱ガニ（こうばこ）　2ハイ
赤カブ　2個
揚げ油　適量
カブのすり流し　適量
　カブ　適量
　A
　　かつおだし　400cc
　　薄口醤油　30cc
　　酒　10cc
　　塩　ひとつまみ
青ネギ（小口切り）　少量

1　カブのすり流しを作る。カブは皮を丸くむき、蒸し器で7分蒸した後、Aで炊く。
2　1をハンドブレンダーでピュレにしておく。
3　香箱ガニをゆでて、身、内子、外子を殻からとり出してほぐす。
4　赤カブを2mmほどの厚さに切り、素揚げする。
5　器に3を盛り、4の赤カブを散らす。
6　温めた2のカブのすり流しを小さな器に注ぎ、青ネギを入れて5に添える。お客様の前で、すり流しをかける。

大根

アブラナ科の野菜。おもに肥大した根の部分を食べる（正確には葉に近い部分は根ではなく「胚軸」）。多くの品種があり、形状も色もさまざまだが、主流品種は青首大根である。大根は通年出回るが、秋から冬にかけてが甘みが増し、おいしくなる。春から夏の大根はやや辛みが強い。（※写真は本書中の料理に使用した大根の一部）

白首大根

全体が白い大根。「練馬大根」や「三浦大根」もこの仲間。青首大根が、葉の下の胚軸部分を地上にのばし、その部分が日光にあたって緑色になるのに対し、白首大根はほとんど地上に出ずに地下にむかってのびるため、全体が白くなる。青首より辛みが強く、たくあん漬けの材料になる。

丸大根
[聖護院大根]

「聖護院大根」は丸形の大型大根で、重さ4kg以上になる。代表的な京野菜で、「京の伝統野菜」のひとつにも指定されている。京都府内では城陽市、久御山町、亀岡市などがおもな産地となっている。苦みが少なく甘みがあり、煮崩れもしにくいため煮物むき。

紫大根

「紫大根」、あるいは「赤大根」として売られているものには、外側が紫（紅）色で中身が白いもの、外側も中身も紫（紅）色がかっているものや全体的に色づいているもの、外側は普通の大根に近く中身が紫（紅）色のものなど、さまざまなタイプがある。

[味いちばん紫]

表皮は紫色、内部は淡紫色のタイプの短太大根。辛みが少なく甘みがある。

[紅芯大根（青皮紅芯大根）]

外側は青首大根のような色で、中が鮮やかな紅色。中国原産。シャキシャキした食感で、辛みが少なく甘みがある。輪切りにしたときの色合いの美しさから、料理店でよく使われている。

白首大根の蒸し物 上海蟹のコンソメで
上海ガニのコンソメで作ったあんを、
蒸した大根にたっぷりかけて。(西岡)

アスパラガスのみぞれおひたし
冬の寒さに耐えて、春の訪れを待つイメージを、
大根おろしを使い表現した。
季節が移り変わるころに。(秋山)

猪のコンソメを含ませてソテーした大根
猪のラグー、ボルロッティ、
アルバ産黒トリュフ
大根をおいしく食べていただきたいと考えた料理。
大根に、イノシシのコンソメの味を
加えてからソテーした。（岩坪）

サワラのあぶり焼き 大根、
大浦ゴボウのフリット、
カカオ風味の大根のフォンダン
大根は大きめにカットして火を入れ、切れ端の部分は
オリーブ油とカカオパウダーを加えてペーストに。（永田）
[作り方 p.214]

白首大根の蒸し物
上海蟹のコンソメで (西岡)

材料（1人分）
白首大根　1/6本（3〜4cm厚さの輪切り）
昆布、日本酒　各少量
上海ガニのコンソメ（＊）　45cc
コラトゥーラ（イタリアの魚醤）　小さじ1
水溶き片栗粉　適量
ボッタルガのパウダー　少量

1　白首大根は、昆布を加え、日本酒をふって30分蒸す（串が通るようになるまで）。
2　上海ガニのコンソメを熱してコラトゥーラで味つけ、水溶き片栗粉でとろみをつける。
3　1の大根を器に盛り、2をかけ、ボッタルガのパウダーをふりかける。

＊上海ガニのコンソメ

材料（作りやすい量）
A
：水　12ℓ
：上海ガニ　5kg
：長ネギ（青い部分）　3本
：生姜　3片
：昆布　30g
：日本酒　3合
B
：鶏胸挽き肉　2kg
：日本酒　3合
：長ネギ（青い部分）　3本
：生姜　3片
：昆布　30g

1　Aを鍋に合わせて火にかけ、沸騰してから1時間煮る。漉してスープをとる。
2　1のスープをBと合わせ、蒸し器に入れて4時間蒸す。液体部分を、お玉ですくいながら静かに漉す。

アスパラガスのみぞれおひたし (秋山)

材料（2人分）
グリーンアスパラガス　4本
塩　適量
A
：かつおだし　300cc
：薄口醤油　40cc
：酒　20cc
：塩　ひとつまみ
：※合わせる。
大根　10cm

1　アスパラガスは硬い皮をピーラーなどでむく。
2　1を塩ゆでし、縦8等分に切り、更に横半分に切りAに浸ける。
3　大根をすりおろし、さっと洗って臭みをとり、絞る。
4　2に3の大根おろしを入れる。
5　4のアスパラガスを器に盛り、その上に、雪が積もっているように大根おろしを盛る。

猪のコンソメを含ませてソテーした大根
猪のラグー、ボルロッティ、アルバ産黒トリュフ

味の淡い大根は、そのままソテーしただけでは全体から浮いてしまうので、
イノシシのコンソメの味を加えた。ただし煮含ませているわけではなく、
ガストロパック（または真空パック）で浸透させているので、大根のシャキシャキした
食感は残しつつ、一体感のある仕上がりになっている。（岩坪）

材料（作りやすい量）
大根　適量
無塩バター　適量
黒トリュフ　適量
パルミジャーノ・レッジャーノ・チーズ（36ヵ月熟成）
　少量
イノシシのコンソメ（作りやすい量）
　A
　　イノシシのスネ肉（ミンチにしたもの）　3kg
　　卵白　1kg
　　玉ネギ（みじん切り）　2個分
　　ニンジン（みじん切り）　1本分
　　セロリ（みじん切り）　4本分
　鶏のブロード　10ℓ
イノシシのラグー（作りやすい量）
　イノシシのスネ肉　2.5kg
　塩　適量
　B
　　赤ワイン　750cc
　　マルサラ・セッコ　100g
　　マルサラ・ドルチェ　50g
　C
　　ソフリット（p.127参照）　600g
　　トマトペースト　100g
　　ローリエ　1枚
　　塩　適量
　　ジュニパーベリー　5粒
　カカオ分70％チョコレート（ヴァローナ〈グアナラ〉）
　　50g
ボルロッティのピュレ（作りやすい量）
　ボルロッティ（乾燥）　250g
　玉ネギ　1/2個
　オリーブ油、塩　各適量
　E.V.オリーブ油　50cc〜

1　イノシシのコンソメ：Aの材料をすべて混ぜ合わせ、冷たい鶏のブロードとともに鍋に入れて火にかけ、混ぜながら加熱する。沸いてきたら弱火にし、固まりはじめた卵白が浮いてきたら、中央に穴を開け、ゆっくり5時間ほど煮出す。液体部分を静かにすくいながら漉す。

2　イノシシのラグー：イノシシのスネ肉は掃除し（スジはあまりとりすぎない）、塩をしてフライパンで表面を焼く。鍋に移し、Bを加えて火にかけてアルコールを飛ばし、Cを加えて5〜6時間煮込む。肉がやわらかくなったら一度とり出して2cm角に切り、鍋に戻して再び煮込んで煮汁を煮詰め、チョコレートを加えて溶かす。

3　ボルロッティのピュレ：ボルロッティは一晩水に浸けて戻しておく。玉ネギはみじん切りにしてオリーブ油でスュエし、水気を切ったボルロッティを入れ、水をひたひたに加えて1時間ほど煮る（豆をおして、簡単につぶれるくらいになるまで）。ミキサーに移してE.V.オリーブ油を加えて攪拌し、塩で味を調える。

4　大根は1.5cm厚さの輪切りにし、抜き型で丸く抜く。1のイノシシのコンソメ適量とともにガストロパックにかける（30℃で20分を2回。または真空パックでマリネしておく）。

5　提供時に4の大根をフライパンでバターソテーし、しっかり焼き色をつける。

6　皿に3のピュレを敷き、5の大根と2のラグーを適量盛り付ける。黒トリュフをおろしかけ、パルミジャーノ・チーズをかける。

3色の大根、ニシンの軽い燻製、
カズノコとキヌアのサラダ
　　　大根の色の違いを活かし、
　　　楽しい盛り付けに。(武田)

緑芯大根で包んだ足赤海老のタルタル
辛みのない緑芯大根は、生で使うともち味が活きる。
エビやカニなどの繊細な魚介の甘みとも
　　　　相性がいい。(武田)

トルテッリーニ・イン・ブロード・ディ・
プロシュート　リコッタ、パルミジャーノ、
　　いぶりがっこ、大根、すべりひゆ
いぶりがっこと生ハムの香りの結びつきが
　　　　おもしろい。(岩坪)

サワラのあぶり焼き、大根、大浦ゴボウのフリット、カカオ風味の大根のフォンダン

ゴボウは太さを活かしてフリットにし、インパクトのある盛り付けにした。（永田）[写真p.209]

材料（2人分）
サワラ（三枚おろしにした身）　1/2枚（作りやすい量）
塩、グラニュー糖　各適量
大根（角柱状に切ったもの）　2個
オリーブ油　適量
A
：塩、ドレッシング（p.107参照）、
：　エシャロット（みじん切り）　各適量
ゴボウ（「大浦ゴボウ」*）　1本
揚げ油　適量
大根のペースト
：大根（切れ端など）　適量
：オリーブ油　適量
：カカオパウダー　少量
レッドバジル　少量
シトロンヴィネガーソース（市販のシトロンヴィネガーを、
　1/3量に煮詰めたもの）　適量
カカオパウダー　少量
◎桜のチップ

*大浦ゴボウ
もともとは千葉県匝瑳市の大浦地区だけで生産されていたゴボウで、すべて成田山新勝寺に奉納されていた。現在では他の地区、地方で生産されたものが市場に出回る。

1　サワラは三枚におろし、塩3：グラニュー糖1で合わせたものを全体にふりかけ、冷蔵庫に8時間ほどおいてマリネする。流水で塩抜きし、タオルで水気をとり、ピチットシートに包んで1日おいて脱水する。
2　1を桜のチップで軽く燻製にする。
3　大根は大きめの角柱状に切り整え、オリーブ油を加えた少量の水に入れて加熱し、火を通す。水気を切り、Aで和える。
4　大浦ゴボウは縦に薄切りにし、油で揚げる。
5　大根のペースト：大根の半端な部分をキューブ状に切って鍋に入れ、水を少量加えて蓋をし、火にかける。ある程度火が入ったら蓋をとり、弱火で水分をしっかり飛ばす。ミキサーに移し、オリーブ油を加えて回す。キャセロールに入れてカカオパウダーを少量加え、味を調える。
6　提供する直前に2のサワラを1人分約40gに切り、バーナーであぶる。
7　皿に3の大根をおき、6のサワラをのせ、4のゴボウのフリットをのせる。5のペーストを添えてレッドバジルを散らし、シトロンヴィネガーソースを添え、カカオパウダーをふる。

3色の大根、ニシンの軽い燻製、カズノコとキヌアのサラダ（武田）

材料
大根（白、赤、緑など色違いで）　適量
塩、オリーブ油　各適量
カズノコとキヌアのサラダ
：キヌア　適量
：A
：オリーブ油、レモン果汁、塩、キュウリ（みじん切り）、
：　ディル（みじん切り）　各適量
：カズノコ（塩カズノコを塩抜きし、掃除してほぐしたもの）
：　適量
：バジルのピュレ（*）　適量
ニシンのマリネ（**）　適量
ミニバジル　少量

*バジルのピュレ：バジルを塩ゆでし、ミキサーにかけて裏漉したもの。

**ニシンのマリネ：ニシンはウロコをとり、三枚におろして全体に塩と砂糖をふり、2～3時間おく。さっと水洗いし、菜種油とディルを加えて真空パックにし、冷蔵庫に1日おく。

1　大根はそれぞれ薄切りにしてしずく型で抜き、提供の15分前から塩とオリーブ油をまぶしておく。
2　カズノコとキヌアのサラダ：キヌアはゆでて水気を切り、Aとカズノコ、バジルのピュレ加えて混ぜ合わせる。
3　ニシンのマリネは軽い燻製にし、食べやすい大きさに切る。
4　器にセルクル型をおいて、中に2のサラダを敷き、3のニシンをのせて、セルクル型をはずす。1の大根をきれいに並べてのせる。ミニバジルの葉を、バジルのピュレではり付けるようにして飾る。

緑芯大根で包んだ足赤海老のタルタル
(武田)

材料（2個分。1人分）
緑芯大根（2cm×7cmのスライス）　4枚
足赤エビ　2本
イクラ　小さじ1
リンゴ　少量
エストラゴン　少量
A
: エストラゴン（みじん切り）　少量
: エシャロット（みじん切り）　小さじ1
: アボカド（皮をむき、5mm角に切ったもの）　小さじ1
: レモン果汁　少量
: レモンの皮（みじん切り）　少量
: リンゴ（皮をむき、5mm角に切ったもの）　小さじ1
: オリーブ油　大さじ1

1　エビは殻付きのまま軽くゆでる。
2　1の殻をむき、小角に切り、Aの材料を加えて合わせる。
3　緑芯大根のスライスを2枚ずつクロスに重ねておき、中央に2の具をおいて、大根を四方から折りかぶせて閉じる。
4　3に、円形に抜いたリンゴのスライスをのせ、イクラをのせて、エストラゴンを飾り、器に盛る。

※　写真は氷を敷いて網をのせた器に盛り付けたもの。

トルテッリーニ・イン・ブロード・ディ・プロシュート　リコッタ、パルミジャーノ、いぶりがっこ、大根、すべりひゆ

スベリヒユはイタリアでも使われる野草。生でも、ソテーしても食べられる。(岩坪)

材料（作りやすい量）
A（パスタ）
: 00粉　300g
: セモリナ粉　200g
: 卵黄　6個
: 全卵　3個
: 塩　6g
: E.V.オリーブ油　10g
塩　適量
B（詰め物）
: リコッタ　400g
: パルミジャーノ・レッジャーノ・チーズ（すりおろし）　125g
: いぶりがっこ　100g
: 塩　適量
大根　適量
スベリヒユ　少量
ブロード
: 生ハム（皮やスネ側の硬い部分）　2kg
: ミルポワ
: : 玉ネギ（半割り）　1個分
: : ニンジン（半割り）　1/2本
: : セロリ（半割り）　1本分

1　Aを合わせてパスタを練る。
2　ブロード：生ハム、ミルポワの野菜を適量の水とともに鍋に入れて火にかけ、8〜10時間煮出し、リードペーパーで漉す。
3　詰め物：いぶりがっこを5mm角に切り、Bの材料をすべて混ぜ合わせる。
4　大根を1cm角に切り、一度ゆでこぼした後、2のブロードで煮る。
5　1のパスタを薄くのばして4cm角に切り、3の詰め物を詰めてトルテッリーニを作る。
6　5を塩ゆでして器に盛り、温めた4のブロードを大根とともに注ぎ、スベリヒユをのせる。

紅芯大根とくらげの和え物
色の美しさを活かした和え物。（西岡）

聖護院大根と九条葱の小鍋
たっぷりの九条ネギを添えて、
しみじみとおいしい鍋に。（秋山）

紫大根のステーキ 辛みソース
きれいな紫色の「味いちばん紫」を素揚げして、
辛みのきいたソースを合わせた。（西岡）

ユリ根

食用にされるユリの鱗茎。コオニユリを交配親とする品種が多く流通する。北海道がおもな産地で、生産量は全国の9割以上を占める。

白菜と百合根 海苔のテーゴレ
アサリのだしでとろとろに炊いた白菜の下に昆布だしで炊いたユリ根のエスプーマを敷き、全体に海の香りをまとわせている。(岩坪)

百合根と地鶏の炭火焼き 九条葱を添えて
ユリ根のホクホク感と鶏の脂、ネギの甘みの組み合わせがおいしい。(秋山)

紫大根のステーキ 辛みソース（西岡）

材料（2人分）
紫大根（「味いちばん紫」） 1/8本分（横半分に切り、
　縦4つ割りに切ったもの）
揚げ油　適量
辛みソース（＊）　大さじ2

1　紫大根（1/8カット）は、160℃に熱した油で20分
　　ほど素揚げする。
2　1を10分ほど蒸した後、横1cm厚さに切る。
3　器に辛みソースを敷いて、上に2を盛り付ける。
　　ソースをつけながら食べていただく。

＊辛みソース

材料（作りやすい量）
A
：長ネギ（粗みじん切り）　10cm分
：豆板醤　小さじ1
：朝天トウガラシ（朝天辣椒。粉）　小さじ1/2
綿実油（サラダ油）　90cc
シェリーヴィネガー　小さじ2

1　耐熱のボウルにAを合わせておく。
2　綿実油を煙が出るまで熱し、1のボウルに加え、泡立
　　て器でよくかき混ぜる。シェリーヴィネガーを加える。

紅芯大根とくらげの和え物

大根類には少し甘みを加えると、味が引き立つ。
（西岡）

材料（1人分）
紅芯大根（せん切り）　20g
塩　適量
クラゲ（毎日水を換えながら、水に1週間ほど浸けて戻し、
　せん切りにしたもの）　30g
A
：塩　ごく少量
：グラニュー糖　少量
：シェリーヴィネガー　少量
：ゴマ油　少量

1　紅芯大根は5cm長さのせん切りにし、塩をして
　　おく。
2　1の水気を絞り、クラゲと合わせ、Aを加えて和
　　える。

聖護院大根と九条葱の小鍋

きめの細かい聖護院大根は、
だしで炊くとおいしさが活きる。（秋山）

材料（6人分）
聖護院大根　1/4個
九条ネギ　3本
絹豆腐の厚揚げ　1/2丁
A
：かつおだし　800cc
：薄口醤油　30cc
：酒　20cc
：みりん　20cc
：塩　少量
黄柚子皮（細切り）　適量

1　聖護院大根を食べやすい大きさに切り、厚く皮を
　　むいて面取りする。
2　1を米のとぎ汁または米ぬかを加えた水で下ゆで
　　する。
3　厚揚げに熱湯をかけ、油抜きする。
4　Aを鍋に合わせ、2の大根、3の厚揚げを入れて
　　弱火で30分炊く。
5　4を提供用の小鍋に移し、九条ネギをざく切りに
　　して加え、黄柚子の皮を添える。

白菜と百合根 海苔のテーゴレ

温かい前菜の一品。(岩坪)

材料(作りやすい量)
白菜の煮込み
- 白菜　1個
- アサリ　1kg
- ニンニク　適量
- オリーブ油　適量

ユリ根のエスプーマ
- ユリ根　1kg
- 昆布だし　1kg
- 塩、瀬戸内コラトゥーラ(魚醤)　各適量

海苔のテーゴレ
- 生青海苔　150g
- 米　100g
- 水　150g+200g
- 塩　2g
- 揚げ油　適量

ユリ根(飾り用)　適量
塩、白ワインヴィネガー、E.V.オリーブ油　各適量

1. 海苔のテーゴレ：鍋に米、水150g、塩を入れて蓋をし、強火にかけて沸騰させた後、200℃のオーブンに18分入れて炊く。オーブンからとり出し、10分蒸らす。
2. 別鍋に200gの水を沸騰させる。
3. 2と1、生青海苔を合わせてミキサーにかけ、なめらかなピュレにする。
4. テフロンシートに3を薄く塗りつけ、天板にのせて、コンベクションオーブン85℃に3時間入れて乾燥させる。
5. 4が冷めたら手で割り、230℃に熱した油で数秒揚げる。
6. 白菜の煮込み：オリーブ油をひいた鍋でアサリを煎り、ひたひたに浸かる程度の水を加えて30分ほど煮出す。キッチンペーパーで漉してアサリのだしをとる。
7. 白菜を芯と葉に分け、それぞれ3cm角に切る。
8. 鍋につぶしたニンニクとオリーブ油を入れて火にかけ、ニンニクがキツネ色になったらとり出す。
9. 8の鍋に7の白菜の芯の部分を入れてよく炒めた後、葉の部分を加えて炒める。しんなりしたら6のアサリのだしを、白菜が浸る程度に加える。沸騰したら蓋をして、200℃のオーブンに入れて40～50分煮る。オーブンから出して火にかけ、水分を飛ばす。
10. ユリ根のエスプーマ：ユリ根をほぐして洗う。昆布だしとともに鍋に入れて火にかけ、沸騰したら蓋をして、200℃のオーブンに15分ほど入れる。ミキサーにかけ(味や濃度を確認し、必要であれば水や昆布だしを少量加える)、塩、瀬戸内コラトゥーラで味を調える。エスプーマ用のサイフォンに入れておく。
11. 飾り用のユリ根は、塩、白ワインヴィネガーを加えた湯でゆでる。
12. 10のサイフォンを湯煎で温め、皿にエスプーマを絞る。9の白菜の煮込みを中央に盛り、まわりに11のユリ根を散らす。E.V.オリーブ油をかけ、5の海苔のテーゴレをのせる。

百合根と地鶏の炭火焼き 九条葱を添えて (秋山)

材料(4人分)
地鶏肉(もも肉)　1枚
ユリ根　1個
九条ネギ　2本
小菊　少量
オリーブ油、塩　各適量

1. ユリ根を大きめにばらして水洗いし、蒸し器に入れて3分蒸す。
2. 1の表面を天火で焼く(またはバーナーであぶる)。
3. 九条ネギは4cm幅に切り、オリーブ油をひいたフライパンに入れ、塩をしてさっと炒める。
4. 地鶏肉は両面に塩をふり、炭火焼きにする(皮目をパリパリに)。
5. 4を一口大に切り、3の九条ネギと2のユリ根とともに器に盛り、小菊の花びらを散らす。

ユリ根

ヤマノイモ

ヤマノイモ科ヤマノイモ属のつる性植物。一般的にヤマイモとも呼ばれる。大きくは、「ジネンジョ（自然薯）」、「ダイジョ（大薯）」、「ヤマノイモ（山芋）」に分けられ、ヤマノイモは更にナガイモ群、イチョウイモ群、ツクネイモ群に分けられる。

車海老のスコッタート
大和芋、紅玉、銀杏、バジリコオイル
大和イモにだしを加えてふわっとさせ、最後にかけて提供する。（岩坪）

山いものベニエ

この山イモは、オリーブ油を加えて火を入れると、
チーズのような食感になる。（永田）

桜の葉で包んだ山の芋のゼッポレ
雉の5種調理

キジをさまざまな方法で調理し、
楽しんでいただく料理。
粘り気の強い山イモで作った
ゼッポレを添えて。（岩坪）

車海老のスコッタート
大和芋、紅玉、銀杏、バジリコオイル
（岩坪）

材料（2人分）
車エビ　3本
大和イモ　50g
リンゴ（紅玉）　1個（仕込みやすい量）
グラニュー糖　20g
ギンナン　2個
サラダ油、塩　各適量
瀬戸内コラトゥーラ（魚醤）　適量
かつおだし　30g
バジリコオイル（作りやすい量）
　バジリコ　60g
　太白ゴマ油　150g
エビのスープ（作りやすい量）
　ミルポワ
　　玉ネギ　1個
　　ニンジン　1/2本
　　セロリ　2本
　サラダ油　適量
　トマトペースト　100g
　エビガラ　1kg
　レモン果汁　適量

1　バジリコオイル：バジリコと太白ゴマ油を合わせ、20秒ほどミキサーにかける。3日間冷蔵庫におく。
2　シノワにさらしやリードペーパーを敷き、1を入れてふわっと包み、上にボウルをのせて軽く重石をし、ゆっくりと漉す。
3　エビのスープ：ミルポワの野菜をスライスし、サラダ油でスュエする。エビガラを加え、水分がなくなり、焦げ付く寸前まで煎る。ひたひたの水、トマトペーストを加えて1時間ほど煮出す（途中で水分を足す）。シノワで漉す（棒で突いてよく絞り落とす）。必要であれば再度煮詰める。
4　リンゴは皮をむき、むいた皮を鍋に入れ、完全に浸かるくらいの水とグラニュー糖を加えて20分ほど煮出す。シノワで漉して煮汁を鍋に戻し、100gになるまで煮詰める。
5　リンゴの実は1cm角に切り、4とともに真空パックにし、24時間マリネする（※店ではガストロパックを26℃設定で10分間減圧し、圧を戻してから、再び26℃で10分間減圧し、冷蔵庫で5時間マリネしている）。
6　ギンナンを乾煎りし、殻と薄皮をむき、多めのサラダ油で煎って塩をふる。
7　車エビは頭を残して殻をむき、背ワタ、ヒゲ、ツノをとり除く。竹串を縦に刺し、多めのサラダ油を熱く熱したフライパンに入れて、強火で5秒ほどソテーする（※スコッタートはイタリア語で「やけどをした」という意味。かなり高温で表面だけ焼き、中は生に仕上げる）。
8　大和イモは皮をむいてすりおろし、塩、瀬戸内コラトゥーラで味を調えただしを沸かして加え、ハンドブレンダーで泡立てる。
9　盛り付ける。3のエビのスープを温め、レモン果汁を加えて味を引き締め、器に入れる。7のエビを盛り、まわりに6のギンナンと5のリンゴ、3のエビのスープ、2のバジリコオイルを散らし、8を最後にエビにかけて、すぐに提供する。

山いものベニエ
クセのない山イモで、苦手な人でも食べられる。
（永田）

材料
山イモ（「とっくり芋」。粘り気の強い種類）　適量
牛乳　適量
オリーブ油　適量
レモン果汁　少量
塩　少量
小麦粉　適量
ベニエ生地（p.151参照）　適量
揚げ油　適量
オキサリス（素揚げしたもの）　少量

1　山イモは皮をむき、適当な大きさにスライスして鍋に入れ、全体が浸るくらいの水を入れて蓋をし、中火にかける。火が通ってきたら蓋をとり、水分を飛ばしながら加熱する。やわらかくなったら、からむ程度の牛乳を加える。
2　1が沸いたらミキサーに移し、オリーブ油、レモン果汁、少量の塩を加えて回す。冷ましておく。
3　2が冷めたら一口大に丸め、小麦粉、ベニエ生地の順につけ、160℃の油で揚げる。
4　器に盛り（※写真は別の種類の山イモを器代わりにして上に盛り付けたもの）、素揚げしたオキサリスを飾る。

桜の葉で包んだ山の芋のゼッポレ
雉の5種調理（岩坪）

材料（6人分）
キジ　1羽
山イモ（秋田県産ツクネイモ）　適量
桜の葉の塩漬け　適量
塩　適量
玉ネギ（みじん切りにし、オリーブ油でスュエしたもの）　適量
パン粉　適量
白コショウ　適量
薄力粉　適量
マルサラ・セッコ　適量
マルサラ・ドルチェ　適量
スーゴ・ディ・カルネ　適量
太白ゴマ油　適量
揚げ油　適量
野ゼリ　少量
A（キジのブロード。作りやすい量）
　キジのガラ　2羽分
　水　3ℓ
　玉ネギ　1/2個
　ニンジン　1本
　セロリ　1/2本
　タイム　2枝
　ローリエ　1枚
　パセリの茎　2本
　ニンニク　1片
　クローブ　2個
　白粒コショウ　5粒

※ヤマノイモ属のうち、ジネンジョは日本原産で日本の野山に自生するが、栽培もされている。粘り気が強い。ダイジョは東南アジア原産で、日本では沖縄や南九州で栽培されている。中が白いタイプと紫色のタイプがあり、九州ではこのダイジョがツクネイモと呼ばれる。ヤマノイモの中のナガイモ群は、中国原産で水分が多く粘り気が弱い。イチョウの葉のような形をしたイチョウイモ群（関東ではヤマトイモと呼ばれることもある。近年は棒状のものも出回っている）や、塊状のツクネイモ群（関西ではこちらがヤマトイモとも呼ばれる）は、どちらも粘り気が強い。

1　キジをおろし、もも肉、スネ肉、胸肉、手羽、ガラ、ハツ、レバー、砂肝に分ける。スネ肉と手羽の骨と皮ははずし、とりおく。
2　キジのブロードをとる。天板にキジのガラを広げ、キツネ色になるまで焼く。寸胴鍋に入れて分量の水を加え、強火にかける。沸騰したら火を弱め、アクと脂をとり除く。他のAの材料をすべて加え、約4時間煮込む。さらしやリードペーパーで漉す。
3　1のスネ肉、手羽の肉、掃除したハツ、レバー、砂肝を5mmダイスのミンチャーに通してミンチにする。計量し、総重量に対して1.3％の塩、10％のスュエした玉ネギ、5％のパン粉、白コショウを混ぜ合わせる。
4　3を4gの団子に成形し、薄力粉をまぶし、テフロン加工のフライパンでソテーする。マルサラ・セッコとマルサラ・ドルチェを加えてアルコールを飛ばし、スーゴ・ディ・カルネを加えて煮からめる。
5　キジの胸肉と、1でとりおいた皮に塩をふり、少量の太白ゴマ油を加えて真空パックにする。65℃の湯煎で30〜40分加熱し、氷水に落として急冷する。
6　5の胸肉の皮をはぎ、肉は食べやすい大きさのそぎ切りにする。皮は120℃のオーブンで3時間焼いた後160℃に温度を上げて、キツネ色に焼き上げる。完全に冷ましてから、ミル・ミキサーでパウダーにし、中目の裏漉しでふるう。
7　1のもも肉に塩をふってグリルする。食べやすい大きさに切る。
8　山イモは皮をむき、すりおろす。
9　塩漬けの桜の葉を縦半分に切って茎を除き、8を塗りつけて巻く。180℃の油で揚げる。
10　6の胸肉、7のもも肉、4のポルペティーニ、9を器に盛り、野ゼリを散らし、6の皮のパウダーをふる。2のブロードを温めてグラスに入れて添える。

レンコン（秋～冬）

ハスの地下茎が肥大したもの。現在市場に出回っているものは、明治以降に入ってきた中国種である。霞ヶ浦のある茨城県が作付面積、出荷量ともに全国トップになっている。

蓮根小豆
レンコンとアズキを煮て作る、新潟の"いとこ煮"をヒントに、デザートに仕立てた。チョコレートを添えてもおいしい。（秋山）

蓮根焼売 グリーンピース
見た目はまさにシュウマイ！
肉が食べられない方でも、安心して食べられる。（秋山）

椀物バージョン

ゴボウ

キク科の多年草。根を食用にする。独特の香りや歯応えがあり、日本では古くから食べられている。香りや旨みは皮に含まれるので、皮はむかずに包丁でこそげ落とすようにする。

牛蒡のローストとスパッツェレ
穴子のラグー、焦がし葱油、リクイリッツィア

土を感じる香りに共通点があるゴボウとアナゴ。
そしてこれも少し土のような香りをもつ
リクイリッツィアを組み合わせた。盛り付けも
あまりきれいに整えすぎないほうがよい。（岩坪）

蓮根小豆

レンコンには甘みがよく合う。(秋山)

材料(4人分)
レンコン　2節(1節150～180g)
水　約1ℓ(レンコンがかぶるくらいの量)
だし昆布　10cm角
A
･薄口醤油　40cc
･酒　30cc
･塩　ひとつまみ
アズキ粒あん(*)　適量
黄柚子皮　少量

1　レンコンの皮をむき、流水に20分ほどさらす。
2　1のレンコンが入る大きさの鍋に昆布を敷き、レンコンを入れる。
3　2の鍋に、レンコンがかぶるくらいの水をはる。沸騰するまで中火にかけ、沸騰したら弱火にし、途中でときどき水を足しながら煮る。
4　30～40分煮たら串を刺してみて、串がスッと通ればAの調味料を加え、鍋の中の昆布を上にのせて落とし蓋代わりにし、更に20～30分炊く。
5　4を1cm幅の輪切りにして器に盛り、アズキ粒あんを添え、すりおろした黄柚子の皮をふる。

＊アズキ粒あん

材料(作りやすい量)
アズキ　1kg
上白糖　1.7kg

1　アズキは一昼夜水に浸けて戻す。
2　1をすべて鍋に移し、火にかける。途中で水を足し、アクをとりながら煮て、アズキが完全に戻ったら、上白糖を加える。
3　お玉などですくってみて、とろとろの状態になっていたら、鍋に入れたまま冷ます。
4　冷めたときの固さをみて、固さを調整する。

蓮根焼売　グリーンピース (秋山)

材料(4人分)
レンコン　2節(1節150g～200g)
薄口醤油　小さじ1
塩　少量
シュウマイの皮　適量
グリーンピース(ゆでたもの)　適量
溶きガラシ　少量

1　レンコンの皮をむき、目の細かいおろし金ですりおろす。
2　ザルにペーパータオルを敷き、1を流して軽く絞る(水洗いはしない)。耳たぶほどの固さに絞ったら、薄口醤油と塩を加えて混ぜ合わせる。
3　2をシュウマイの皮で包み、蒸し器に入れて蒸し上げる。
4　蒸し上がった3の中央に、下ゆでしたグリーンピースと溶きガラシをのせる。

※　わさび醤油やカラシ醤油で食べていただく。

椀物バージョン

上記の蓮根焼売を椀種に。

材料(2人分)
蓮根焼売(上記参照)　2個
かつおだし　300cc
八丁味噌　大さじ2
ゴマ(半ずりにしたもの)、ミツバ(粗みじん切り)
　各少量

だしを熱して八丁味噌を溶き、蓮根焼売を1個ずつ入れた椀に注ぎ、半ずりにしたゴマと、ミツバを散らす。

牛蒡のローストとスパッツェレ
穴子のラグー、焦がし葱油、リクイリッツィア

ネギも焦がしネギにし、全体的に香ばしく、
土の香りを感じていただけるような一皿に。(岩坪)

材料(2人分)
スパッツェレ(作りやすい量)
　ゴボウ　300g
　昆布だし　200cc
　牛乳　120cc
　卵　1個
　00粉　200g
　無塩バター　適量
　塩　適量
　リクイリッツィアパウダー(＊)　適量
アナゴのラグー(作りやすい量)
　アナゴ　1kg
　A
　　ソフリット(p.127参照)　300g
　　赤ワイン　750cc
　　トマトペースト　100g
　　トマトソース　200g
　　アニスシード　2g
　　ジュニパーベリー　2g
ゴボウ　1/4本
長ネギ　2本
太白ゴマ油　適量
無塩バター、塩　各少量
パルミジャーノ・レッジャーノ・チーズ(すりおろし)
　適量
リクイリッツィアパウダー　適量

＊リクイリッツィア：リコリス、甘草。

1　スパッツェレを作る。ゴボウを小口切りにし、バターでスュエする。塩をふり、昆布だしを注ぎ、やわらかくなるまで煮る(途中で水を足す)。
2　1の水分を飛ばし、牛乳、卵とともにミキサーでよく回す。ボウルにあけ、00粉、リクイリッツィアパウダーを加えて泡立て器で混ぜ合わせる。
3　塩を加えた沸騰湯に、2の生地を専用の器具(グラットゥジャ・ペル・スパッツェレ)を使って落とし入れながらゆで、水気を切る。
4　アナゴのラグー：アナゴを開き、頭と中骨を200℃のオーブンで15分焼く。鍋に入れて水を注ぎ、40分煮出す。
5　アナゴの身を塩もみし、包丁でこそいでぬめりを除く。鍋にAの材料をすべて入れてアルコールを飛ばし、アナゴを入れて1時間30分〜2時間煮る。蓋をしないでオーブンに入れ、ときどきアナゴを返しながら煮る。やわらかくなって水分が少なくなったらとり出し、包丁で小骨を断つように切る。煮汁に戻してなじませる。
6　長ネギを粗みじん切りにし、太白ゴマ油とともにフライパンに入れ、弱火でじっくりと、こんがり色づくまでよく混ぜながら加熱する。ポットに移して冷ます。
7　ゴボウを肉叩きで叩いて砕く。バターでローストして塩をふる。
8　鍋にバターと水を合わせて沸かし(スパッツェレを入れたときにひたひたになる程度の量)、3のスパッツェレを入れて再加熱し、塩、パルミジャーノ・チーズで味を調える。
9　7のゴボウ、5のラグー、6のネギ油、8のスパッツェレを皿に盛り、リクイリッツィアパウダーをふる。

ごぼうとまだか鮑のスープ
「柳川理想」は、とてもおいしいゴボウ。
食感もしっかり味わえる形状にして、このおいしさを主役に。(西岡)

堀川牛蒡と黒毛和牛のローストビーフ
「堀川ゴボウ」の存在感を前面に出した。
力強い野菜は厚めに切ったほうがインパクトがあり、食べ応えもある。(秋山)

カラフルなミニニンジン

ニンジン

セリ科の二年草。アフガニスタン原産。おもに根を食用にする。東洋系と西洋系があるが、現在日本で流通しているのはおもに西洋系である。東洋系は金時ニンジンなど一部のものに限られる。

色人参のラペサンドイッチ
さまざま色のニンジンをラペにして、サンドイッチに。ニンジンは色により味が違うのがおもしろい。(西岡)

ごぼうとまだか鮑のスープ（西岡）

材料（1人分）
ゴボウ（「柳川理想」）　5cm×3
アワビ（マダカアワビ。殻付きのままボウルに入れ、
　昆布と酒を加えて2時間蒸し、殻からとり出して
　食べやすい大きさに切ったもの）　40g
金華ハムのコンソメ（＊）　90cc
貝柱油（p.59参照）　小さじ2
揚げ油　適量

1　ゴボウは土を洗い落とし、5cm長さに切る（時間が経つようなら酢水に浸けておく）。
2　1を160℃の油に入れ、15〜20分かけて素揚げする。
3　器にアワビと2のゴボウ、金華ハムのコンソメを合わせて15分ほど蒸し器で蒸す。
4　仕上がりに貝柱油をかける。

＊金華ハムのコンソメ

材料（作りやすい量）
金華ハム（5cm角に切る）　700g
鶏挽き肉　2kg
日本酒　3合
昆布　10cm角
ドライトマト　4個
長ネギ（青い部分）　2本
生姜の皮　3カケ分
水　4ℓ

すべての材料を混ぜ合わせ、100℃の蒸し器に入れて4時間蒸す。液体部分を、お玉ですくいながら静かに漉す。

堀川牛蒡と黒毛和牛のローストビーフ（秋山）

材料（4人分）
ローストビーフ
　牛ランプ肉　300g
　塩、オリーブ油　各適量
堀川ゴボウ　1/2本
A
　かつおだし　500cc
　濃口醤油　100cc
　みりん　50cc
　酒　50cc
　砂糖　大さじ2
キウイ　1/2個
和風たれ（次頁＊）　適量

1　ローストビーフ：牛肉は、重量に対して0.5％の塩をして一晩おく。
2　1を2等分に切り分けて真空用袋に入れて真空にし、スチームコンベクションオーブンのスチームモード59℃に入れ、芯温52℃になるまで加熱する。
3　2を袋からとり出し、オリーブ油をかけ、フライパンで表面を焼く。
4　堀川ゴボウは泥を洗い落とし、米ぬかを加えた湯で下ゆでする。串が通るくらいになったら火を止め、とり出して水にさらす。
5　4をAとともに鍋に入れ、弱火で30分ほど炊く。
6　盛り付ける。食べやすく切り分けた堀川ゴボウとローストビーフを器に盛り合わせ、和風たれをかけ、皮をむいて小角に切ったキウイを散らす。

［柳川理想］
「タキイ種苗（株）」が育成した品種。白肌で、ひび割れが少ない。

色人参のラペサンドイッチ

黒や紫のニンジンは色が移りやすいので、
使う場合は直前に合わせるようにする。(西岡)

材料(1人分)
色ニンジン(5色)　各20g
塩　適量
A
：塩　少量
：レモン果汁　1/6個分
：ハチミツ　小さじ1
：オリーブ油　大さじ1
食パン(8〜10枚切り)　2枚
マヨネーズ(*)　大さじ1

1　ニンジンはすべてせん切りにし、それぞれ塩をしておく。
2　1の水気を絞り、合わせてボウルに入れ、Aを加えて混ぜ合わせる。
3　食パンは2枚を重ねてオーブンに入れて焼く(内側には焼き目をつけない)。
4　3の内側になった面にマヨネーズを塗り、2のニンジンを挟む。食べやすく切り分ける。

＊マヨネーズ

材料(作りやすい量)
全卵　1個
綿実油(サラダ油)　200cc
シェリーヴィネガー　12g
塩　3g

すべての材料を、ハンドブレンダーで混ぜ合わせる。

＊和風たれ

材料(作りやすい量)
A
：リンゴ　1個
：ニンジン　1本
：玉ネギ　1個
：ニンニク　1粒
B
：濃口醤油　650cc
：薄口醤油　50cc
：みりん　700cc
：酒　700cc
：砂糖　70g
スダチ酢、わさび(すりおろし)　各適量

1　Aはすべてすりおろす。
2　1とBの調味料をすべて鍋に入れ、アクをとりながら20〜30分ほど煮詰める。
3　仕上げにスダチ酢、おろしわさびを加えて味を調える。

[堀川ごぼう]
一般的な品種である「滝野川ごぼう」を特殊な方法で栽培することにより、大きく成長させたゴボウ。直径6〜9cm、長さ約50cmほどになる。中心部が空洞になっているのが特徴。「京の伝統野菜」のひとつにも指定されている。

鰤人参　カラフル人参のなます
焼いたブリに、いろいろな色のニンジンで作ったなますを添えた。（秋山）

よだれ人参
甘みのあるニンジンに、よだれ鶏のたれ（四川だれ）を合わせて。（西岡）

にんじんのエッセンス
ニンジンがおいしくなる12月下旬から2月にかけての時季に作るジュース。春先のニンジンでは甘みが出ない。（永田）

人参葉ご飯
ニンジンの葉は栄養価も高く、積極的に使いたい。
ここでは根とは別に、葉だけで売られているものを使用。
苦みがなく、より使いやすい。（秋山）

フォアグラのブルッチャート、
紅茶の香る人参のピュレ、ベルガモットの雪
ニンジンの葉が樹木を、
焦げ目をつけたフォアグラが大地を、
ベルガモット風味のパウダーが雪を表している。（岩坪）

鰤人参 カラフル人参のなます

力強いブリに、秋らしい色が加わる。(秋山)

材料(2人分)
ブリ(切り身)　70g×2枚
いろいろな色のニンジン　適量
塩　適量
甘酢(作りやすい量)
: 水　300cc
: 米酢　200cc
: 砂糖　100cc
: 昆布　10cm角
: ※混ぜ合わせる。
オリーブ油　小さじ1/2
きび砂糖　小さじ1
紫芽　適量

1　各色のニンジンを、野菜スライサーで細切りにする。
2　1を2％濃度ほどの塩水に10分浸けて、水気を絞る。
3　適量の甘酢にオリーブ油ときび砂糖を加えて味を調え、2のニンジンに加え(ひたひたに浸かる程度に)、3〜4時間浸けておく。
4　ブリを塩焼きにして器に盛り、3のニンジンのなますを添えて、紫芽を散らす。

にんじんのエッセンス

ニンジンはポピュラーな野菜だが、主役になる料理となると難しい。いろいろ試してみたが、このジュースに行き着いた。(永田)

材料
ニンジン　適量
無塩バター、塩　各少量

1　皮付きのニンジンをスライスし、ミキサーに入れ、ミキサーがギリギリ回るくらいの水を加えて回す。さらしを敷いたザルにあけ、絞ってジュースをとる。
2　1をキャセロールに入れて、1/5量ほどになるまで煮詰める。味を確認し、よければ少量のバターと塩を加えて味を調える。ハンドブレンダーで回して空気を入れ、グラスに注ぐ。

よだれ人参 (西岡)

材料(2人分)
ニンジン　1本
四川だれ(＊)　大さじ2
万能ネギ(小口切り)　少量

1　ニンジンは水で洗い、丸ごと30分蒸す。5cm長さに切った後、縦3mm厚さに切る。
2　1のニンジンを器に盛り、四川だれをかけ、万能ネギを散らす。

＊四川だれ

材料(作りやすい量)
A
: 豆板醤　50g
: ピーシェン豆板醤　50g
: 朝天トウガラシ(朝天辣椒。粉)　50g
: 中国醤油(生)　大さじ1
: シェリーヴィネガー　大さじ2
綿実油(サラダ油)　360cc

1　Aを耐熱のボウルに合わせておく。
2　綿実油を煙が出るまで熱し、1のボウルに加え、泡立て器でよくかき混ぜる。

人参葉ご飯（秋山）

材料（作りやすい量）
米　2合
もち米　大さじ2
葉ニンジン（ニンジン菜＊）　2束
とんぶり　1/2パック
たくあん漬け　5cm幅
煎りゴマ　大さじ1
A（漬け地）
　かつおだし　400cc
　薄口醤油　20cc
　酒　10cc
　塩　ひとつまみ
　※混ぜ合わせる。
B
　かつおだし　320cc
　薄口醤油　40cc
　酒　20cc
　塩　ひとつまみ

＊葉ニンジン（ニンジン菜）：葉を食用とするために、水耕栽培されたもの。

1　葉ニンジンの根元を切り落とし、ゆでる。冷水にとり、水気を絞って、適量のAに浸ける。
2　とんぶりはゆでて、細かい網目のザルにあけて水気を切り、1とは別に、適量のAに浸ける。
3　たくあん漬けは小さい角切りにする。
4　1を適宜に刻み、2のだしから上げたとんぶりと3のたくあん漬け、煎りゴマを加えて和える。
5　米ともち米を合わせてBで炊く。
6　5のだし飯を適量器に盛り、上に4をかける。

葉ニンジン

フォアグラのブルッチャート、紅茶の香る人参のピュレ、ベルガモットの雪（岩坪）

材料（2人分）
フォアグラのプレッサート
　（p.166「かぼちゃとフォアグラ　濃厚に軽やかに」
　作り方2〜4参照）　60g
ニンジンのピュレ
　ニンジン（皮をむき、ヘタを除いたもの）　400g
　牛乳　100g
　紅茶葉（アールグレイ）　15g
　無塩バター（1cm角に切る）　60g
　ベルガモットフレーバーオイル　少量
ベルガモットの雪
　ベルガモットフレーバーオイル　適量
　マルトセック　適量
ニンジンの葉　適量
揚げ油、塩、カソナード　各適量

1　ニンジンのピュレ：ニンジンはイチョウ切りにし、天板に広げ、スチームコンベクションオーブンのコンビモード180℃で蒸し焼きにする。
2　鍋に牛乳と紅茶葉を入れ、中火にかけて沸騰させ、蓋をして10分煮出す。シノワで漉す。
3　1、2、無塩バター、ベルガモットフレーバーオイル少量を合わせてミキサーにかけ、ピュレにする。
4　ベルガモットの雪：ベルガモットフレーバーオイルにマルトセックを加えて泡立て器で混ぜ、パウダー状にする。
5　ニンジンの葉を素揚げし、塩をふる。
6　フォアグラのプレッサートを1個30gの二等辺三角形にカットし、カソナードをふり、バーナーで焦がす。
7　器に3のピュレを敷いて6のフォアグラを盛り、5のニンジンの葉を添え、4のパウダーをかける。

冬野菜
冬においしくなる根菜類やキャベツ類を多種類使用し、
冬を感じていただく料理に仕立てた。(岩坪)

ブロッコリー

地中海沿岸原産の、アブラナ科の野菜。蕾の状態の花の部分と茎を食べる。日本のおもな産地は北海道、愛知県、埼玉県など。通年出回るが、本来の旬は11月ごろから3月ごろにかけて。また、ブロッコリーと中国野菜であるカイランを掛け合わせてできた茎ブロッコリー（スティックブロッコリー）に、茎の部分が長く、アスパラガスと同じような使い方ができる。

白子のポワレとブロッコリーのスムールとムース
冬においしい白子とブロッコリー。
重くなりがちな白子を、ブロッコリーのサラダで
軽やかに仕立てた。（永田）

冬野菜

カリッとした食感を加えているのは、竹炭を加えて作った米のパウダー。
雪にまじる土の感じを表現したかった。(岩坪)

材料
根セロリのピュレ (作りやすい量)
- 根セロリ 500g
- 牛乳 100g
- 生クリーム 100g
- 無塩バター 75g

竹炭のテーゴレ (作りやすい量)
- 米 100g
- 水 320cc
- 塩 2g
- 竹炭パウダー 8g

オリーブ (タジャスカ種)、むかご、グリーンオリーブ、プチヴェール、チーマ・ディ・ラーパ、芽カブ、姫ニンジン、姫白ニンジン、ミニ京紫大根、つくし 各適量

無塩バター、塩、揚げ油 各適量

1. 根セロリのピュレを作る。根セロリは皮をむき、2cm角に切る。鍋に牛乳、生クリームとともに入れて煮る。やわらかくなったら、火にかけながら水分を飛ばし、ミキサーに移して無塩バターを加え、攪拌してなめらかなピュレにする。
2. 竹炭のテーゴレを作る。米、分量の水、塩を鍋に入れて蓋をし、強火にかける。沸騰したら、200℃のオーブンに18分入れる。オーブンから出して10分蒸らし、ロボクープに入れて竹炭パウダーを加えて回し、ペーストにする。
3. オーブンシートに2を広げ、スチームコンベクションオーブンのコンビモード180℃に20〜25分入れる。
4. 3をロボクープで回し、粗いパウダーにする。
5. タジャスカ種のオリーブをみじん切りにし、オーブンシートに広げて、80℃のコンベクションオーブンで4〜5時間乾燥させる。
6. むかごは素揚げし、上がりに塩をふる。グリーンオリーブは種を抜き、4つ割りにする。その他の野菜はそれぞれ塩ゆでし、水気を切って鍋に入れ、無塩バターを加えて煮からめる。長いものは、食べやすい大きさに切っておく。
7. 器に1のピュレを敷き、6をバランスよく盛り付ける。4のパウダーをかけ、更に5をかける。

※ 全体を混ぜ合わせて食べていただく。

ミニ紫大根

芽カブ

姫ニンジン

姫白ニンジン

白子のポワレとブロッコリーのスムールとムース (永田)

材料
ブロッコリー　適量
鱈の白子　50g (1人分)
オリーブ油　適量
日本酒　適量
小麦粉　適量
ベニエ生地 (作りやすい量)
：薄力粉　100g
：インスタントドライイースト　10g
：水　適量
：※薄力粉とイーストを合わせてボウルに入れ、水を加えて混ぜる。ラップフィルムをかけて、少し温かいところにおいて発酵させる。
塩　適量
無塩バター　適量
シトロンヴィネガーソース (市販のシトロンヴィネガーを、半量ほどに煮詰めたもの)　適量
エシャロット (みじん切り)　適量
ドレッシング (p.107参照)　適量
紫芽　適量
オレガノ (葉)　適量

1 ブロッコリーは小房に分け、茎と花蕾の部分に切り分けて、茎は適当な大きさに切る。
2 鍋に湯を沸かして塩を加え、1を入れ、再び沸いたら花蕾の部分はすぐに湯から上げて氷水にとり、茎は火が通るまでゆでる。
3 2の花蕾の上の部分を包丁で削りとり、残った部分と2の茎をパコジェットのビーカーに入れ、浸かるくらいのオリーブ油を加え、冷凍庫で凍らせる。
4 3をパコジェットで回し、とり出して裏漉し、塩を加えて混ぜる。
5 白子は、日本酒を少量加えて沸かした湯に入れ、火を止めてそのまま30秒ほどおいた後、氷水にとって冷ます。キッチンペーパーにとり出して、水気をとる。スジを掃除し、50gを1人分として切り分け、小麦粉、ベニエ生地の順につけ、フライパンにのせたセルクル型に入れて両面を香ばしく焼き固め、最後に塩とバターを加えてからめる。
6 鉢形の器の底に4のブロッコリーを敷き、5の白子を入れ、シトロンヴィネガーソースをふり、3で削りとったブロッコリーの花蕾の上の部分を塩、エシャロット、ドレッシングで和えたものをのせ、紫芽とオレガノの葉を散らす。

※ 白子は小麦粉だけをつけて普通にムニエルにすると、カリッとした感じがもたない。本来は揚げ物に使うベニエ生地をつけて焼くことにより、表面のカリッと感が持続する。
※ 深さのある鉢形の器に盛ることにより、白子が底まで落ちずピュレと接触しないので、食べるときにもカリッとした感じが楽しめる。

ブロッコリー

ブロッコリーのチリソース

マーボーのもとは、いろいろな料理に使えて便利。
ブロッコリーは花蕾の部分にソースが入りやすく、よく味がからむ。(西岡)

材料(1人分)
ブロッコリー　50g
揚げ油　適量
マーボーのもと(＊)　小さじ1/2
豆板醤　小さじ1/4
日本酒　大さじ2
アメリケーヌソース(市販。カナダ産)　小さじ1/2
鶏スープ(p.34参照)　大さじ3
水溶き片栗粉　適量
ゴマ油　適量

1　ブロッコリーは一口大に切り、素揚げしておく。
2　中華鍋にマーボーのもとと豆板醤を入れてから火にかける。香りが出てきたら日本酒を加え、アルコールが飛んだらアメリケーヌソースと鶏スープを入れる。
3　2に水溶き片栗粉を加えて混ぜ、1のブロッコリーを入れ、ソースがからまったら火を止め、ゴマ油をまわし入れる。

＊マーボーのもと

材料(作りやすい量)
綿実油(サラダ油)　150cc
生姜(みじん切り)　90g
ニンニク(みじん切り)　90g
タカノツメ　3本
長ネギ(みじん切り)　2本分

中華鍋に綿実油と生姜、ニンニク、タカノツメを入れて熱し、香りが出たら長ネギを入れ、じっくりと火を入れる。

スティックセニョールの腐乳炒め

茎ブロッコリー（スティックセニョール）はブロッコリーよりクセがなく、
食べやすい。野菜は炒める前に蒸すと、
栄養素の流出を抑えながら、青臭さを抜くことができる。（西岡）

材料（1人分）
茎ブロッコリー（「スティックセニョール」。太い茎の部分
　を切り落として除いたもの）　50g
綿実油（サラダ油）　大さじ2
鶏スープ（p.34参照）　大さじ3
腐乳ソース（p.122参照）　大さじ2
水溶き片栗粉　適量
ゴマ油　大さじ1

1　茎ブロッコリーは、蒸し器で5分蒸す。
2　中華鍋に綿実油を熱し、1を入れて炒める。油が
　まわったら鶏スープを入れ、腐乳ソースを入れて
　炒め煮にする。
3　水溶き片栗粉を加え、火を止めてゴマ油をまわし
　入れ、器に盛る。

[スティックセニョール]
「(株)サカタのタネ」が開発した品種。当初はブロッコリーニという名称だったが国内ではそれほど普及せず、アメリカで人気が出て、スティックセニョールという名とともに日本でも広まった。

カリフラワー

アブラナ科の野菜。花蕾部分を食べる。日本では白いものが一般的だが、紫色のものやオレンジ色のものなどもある。また、日本でも目にする機会の増えた黄緑色で形のユニークな「ロマネスコ」も、分類上はカリフラワーの仲間とされる。

カリフラワーと白トリュフ ミモレットで

カリフラワーはオレンジ色の品種を使用した。味が濃くおいしい。白トリュフを合わせて、ちょっと贅沢な一品に。(西岡)

材料(1人分)
カリフラワー(「オレンジ美星」) 50g
昆布、日本酒 各少量
A
　白トリュフ塩 少量
　シェリーヴィネガー 少量
　オリーブ油 少量
ミモレット・チーズ(パウダー) 小さじ2
白トリュフ(スライス) 少量

1 カリフラワーは、花蕾の部分を茎からはずし、崩れやすい大きさにしておく。
2 1に昆布を加えて日本酒をふり、蒸し器に入れて5分蒸す。
3 2を食べやすい大きさにし、再度5分蒸す。
4 ボウルに3とAを合わせて和え、器に盛る。ミモレット・チーズをかけ、白トリュフを散らす。

[オレンジ美星(み せい)]
手のひらサイズの早生種。

カリフローレと小蕪の白味噌仕立て

花蕾部分が細かく分かれ、花束のようにも見えるスティックタイプのカリフラワー「カリフローレ」。甘みがあり、白味噌とよく合う。（秋山）

材料（作りやすい量）
カリフローレ（石川県能登産） 1束
小カブ 4個
塩 適量
A
　かつおだし 400cc
　薄口醤油 30cc
　酒 10cc
　塩 ひとつまみ
B（1人分）
　かつおだし 200cc
　白味噌 大さじ2
溶きガラシ 少量

1　カリフローレは一口大に切り分ける。
2　カブは皮を丸くむき、蒸し器で7分蒸した後、Aで炊く。
3　Bのだしを熱して白味噌を溶き入れる。
4　1のカリフローレを塩ゆでして椀に入れ、2のカブ（1人分1個）を温めて入れる。3の味噌汁をはり、カブの上に溶きガラシをのせる。

[カリフローレ]
「トキタ種苗（株）」が開発した、新しい品種のカリフラワー。花の下の軸が長く、この部分もおいしく食べられる。

キャベツの仲間と白菜

寒くなるとおいしくなる、アブラナ科の葉物野菜の代表である。

キャベツ

原産地はヨーロッパの大西洋・地中海沿岸と考えられ、もともとは結球しないケールのような葉キャベツだった。その後結球したものが登場し、品種改良が進んで現在のような形になったといわれる。通年出回り、日本では出荷時期によって冬キャベツ、夏秋キャベツ（高原キャベツとも）、春キャベツ（新キャベツとも）に分類される。

［はやどり甘藍］
シャキシャキとした食感が特徴。「小林種苗（株）」のロングセラー品種。

［とくみつ］
「（株）増田採種場」が開発した品種。糖度の高さが特徴。

チリメンキャベツ
キャベツには、葉が紫色の紫キャベツ（または赤キャベツ）、小さな芽キャベツなどの変種があるが、チリメンキャベツもそのひとつである。葉がちりめん状に縮れているところからの名だが、フランスのサボイ地方発祥であるところから、サボイキャベツともいわれる。水分が少なめで、煮込みむき。

プチベール

1990年に静岡県の「（株）増田採種場」によって開発された新しい野菜。芽キャベツとケールを交配してつくられた。芽の出方は芽キャベツと同じだが、結球はしない。緑色のものの他、赤紫色がかったもの（ルージュ）、白っぽいもの（ホワイト）などもある。甘み、旨みが強い。

プチベール

プチベール（ルージュ）

プチベール（ホワイト）

ケール

キャベツの原種のヤセイカンランに近い種で、結球しない。地中海沿岸原産。日本では青汁の材料として知られる。葉が縮れたタイプやシワがあまりないタイプなど、いくつかの種類がある。

葉が縮れたもの

葉脈が紫色のもの

コズィラーナ（カーボロ・リーフ・グリーン）

「（株）増田採種場」が、ケールにカーヴォロ・ネロを交配して開発した品種。カーヴォロ・ネロより葉が幅広で丸く、やわらかめ。

黒キャベツ

イタリアのトスカーナ地方が原産といわれる結球しないキャベツの一種で、イタリア語でcavolo nero（カーヴォロ・ネロ）。キャベツといってもその原始型で、ケールの仲間である。黒みがかった緑色の縮れた葉は煮込んでも崩れにくく、味も濃いので煮込みや炒め物むきである。

白菜

結球しないものや半結球タイプもあるが、日本ではおもに結球するものを指す。原産は中国で、日本で結球種の栽培に成功したのは、明治末期になってから。通年出回るが、甘みがのっておいしくなるのは冬である。最近は1kgほどのミニ白菜や、中の葉がオレンジ色の品種も人気がある。

早どり甘藍とドライトマトの軽い煮込み

「早どり甘藍」は、巻きがゆるいキャベツで、春キャベツの感覚で使える。
軽い煮込みや蒸し料理にいい。(西岡)

材料(1人分)
キャベツ(「早どり甘藍」) 1/6個(くし形切り)
オリーブ油　大さじ1
A
　セミドライトマト　3片
　タスマニア粒マスタード　小さじ1
　アップルサイダーヴィネガー　小さじ1
　鶏スープ(p.34参照)　50cc
　塩　少量

1　鍋にオリーブ油をひいて、キャベツを入れ、両面を焼く。
2　1にAを入れ、コトコトと10〜15分ほど煮て、煮汁が詰ったらでき上がり。

[はやどり甘藍]

キャベツのお好み焼き風

「とくみつ」は、巻きがしっかりとして苦みが少なく、甘みが強い。
どう調理してもおいしいキャベツだが、加熱すると特においしさが引き立つ。(西岡)

材料（4人分）
キャベツ（「とくみつ」）　1/4個
豚バラ肉（薄切り）　80g
魚粉　小さじ2
塩　少量
卵　2個
綿実油（サラダ油）　大さじ1
ソース（好みのもの。醤油でもよい）　適量

1　キャベツはせん切りにする。
2　豚肉は12cm長さに切る。
3　フライパンに綿実油をひいて火にかけ、1のキャベツを広げて入れ、魚粉をふり、2の豚肉を広げてのせ、塩をふる。そのまま15分ほど弱火で焼く。
4　3の豚肉に火が入ってきたら、上からヘラで押さえて厚みを減らす。
5　直径16cmほどのテフロン加工のフライパンをもう1枚火にかけ、卵2個を割り入れ、ヘラでクレープ状にのばす（白身と黄身を完全に混ぜ合わせない）。
6　4を、キャベツ側を下にして、5の卵の上にのせる。卵が固まったら裏返す。
7　豚肉に火が入ってカリッとしたら器に盛り、好みのソースをかける。

［とくみつ］

チリメンキャベツの春巻き
チリメンキャベツは、しっかり火を入れると
おいしくなる。野菜だけの春巻きにしても、
肉に負けない旨みがある。(西岡)

3色のプチベールの温サラダ
プチベールは旨みが強く、おいしい野菜。
ケールのような苦みもないので使いやすい。(西岡)

黒キャベツの豆豉炒め
味のしっかりした黒キャベツには、
豆豉の風味もよくなじむ。(西岡)

ケールと牛筋のポトフ
火を通す調理にむいているケール。ゼラチン質の
多い肉との相性もいい。(西岡)

リボリータ
小さな器に盛れば、温かいアミューズの一品に。
乾燥させた黒キャベツを添えて主役をアピールし、
食感や味の違いも楽しんでいただく。(岩坪)

チリメンキャベツの春巻き（西岡）

材料
A（あん。作りやすい量）※1本に25gを使用する。
: チリメンキャベツ　小1個
: 日本酒　適量
: 鶏スープ（p.34参照）　100cc
: 金華ハム　30g
: 水溶き片栗粉　少量
: ゴマ油　大さじ2
春巻きの皮　1枚
水溶き薄力粉　適量
揚げ油　適量
カラスミ　少量

1　あんを作る。Aのチリメンキャベツは葉を1枚ずつはがし、合わせて日本酒をふり、蒸し器で30分蒸す。
2　1を縦半分に切った後、横5mm幅に切る。
3　2を鍋に入れ、鶏スープと金華ハムを加えて煮る。煮えたら水溶き片栗粉でとろみをつけ、火を止めてゴマ油をまわし入れる。冷ましておく。
4　春巻きの皮に、3のあんを25gのせて春巻き状に包み、水溶き薄力粉でとめる。
5　160℃に熱した油に入れて、キツネ色になるまで揚げる。
6　油を切って器に盛り、カラスミをおろしかける。

黒キャベツの豆豉炒め（西岡）

材料（1人分）
黒キャベツ　50g
日本酒　適量
豆豉（みじん切り）　1つまみ
中国醤油　小さじ1
鶏スープ（p.34参照）　大さじ3
ゴマ油　少量
綿実油（サラダ油）　大さじ1

1　黒キャベツは酒をふり、30分蒸す。食べやすい大きさ（縦半分に切ってから横3cm幅）に切る。
2　鍋に綿実油を熱し、1を入れ、豆豉を加えて炒める。油がまわったら中国醤油を入れ、香りが出たら、鶏スープを加える。水分が飛んだら、ゴマ油をまわし入れる。

3色のプチベールの温サラダ（西岡）

材料（2人分）
プチベール（3色。p.244参照）　計90g
日本酒　適量
A
: ナヴェットオイル（ナバナ油）　大さじ1
: シェリーヴィネガー　小さじ1
: 塩　少量
: クルミ（煎って、粗く切ったもの）　3粒分

1　プチベールは根元を切り落として縦半分に切り、日本酒をふりかけて、100℃で蒸す。
2　1の水気を切ってボウルに入れ、Aを加えて和え、器に盛る。

ケールと牛筋のポトフ（西岡）

材料（2人分）
A（作りやすい量）
　牛スジ　2kg
　長ネギ（青い部分）　3本
　生姜　3片
　昆布　30g
　タカノツメ　2本
　日本酒　3合
　かつおだし　8ℓ
ケール　3枚
日本酒　適量
コラトゥーラ（イタリアの魚醤）　大さじ1

1　Aを鍋に合わせて4時間煮る。
2　ケールは酒をふり、30分蒸す。食べやすい大きさに切る。
3　1の牛スジ100g、スープ（煮汁）180cc、2のケール、コラトゥーラを鍋に合わせて火にかけ、沸いたらでき上がり。

リボリータ（岩坪）

材料（作りやすい量）
白インゲン豆（乾燥）　250g
黒キャベツ　500g
チリメンキャベツ　250g
ビエトラ（フダン草）　250g
玉ネギ　200g
ニンジン　200g
セロリ　130g
ポロネギ　150g
トマト　300g
赤玉ネギ　適量
オリーブ油、塩　各適量
乾燥黒キャベツ（黒キャベツをゆでてから、コンベクションオーブン200℃で焼いた後、温度を80℃に落として1時間ほど乾燥させたもの）　適量
パーネショッコ（トスカーナ州の無塩パン）　適量
E.V.オリーブ油　少量

1　白インゲン豆は一晩水に浸けて戻しておく。
2　黒キャベツ、チリメンキャベツは拍子木に切る。ビエトラは茎のところは細かく切り、葉の部分は拍子木に切る。玉ネギ、ニンジン、セロリ、ポロネギは角切りに、トマトはざく切りにする。
3　赤玉ネギは薄切りにし、水にさらす。
4　鍋にオリーブ油と2の玉ネギとセロリを入れてスュエし、1の白インゲン豆の水気を切って加える。油がなじんだらニンジン、ポロネギ、トマト、黒キャベツ、チリメンキャベツを入れる。全体がなじんだら水をひたひたに加え、塩を適量加えて煮る。水分が少なくなったら途中で水を足し、常にひたひたになるようにしながら弱火で煮て、煮上がったら、塩とオリーブ油で味を調える。
5　器にグリルしたパーネショッコを入れて、4を盛り、上に水気を切った3の赤玉ネギをのせ、E.V.オリーブ油をかける。乾燥黒キャベツを添える。

白菜と河豚白子の炭火焼き
白菜の甘みとクリーミーな白子が相性よし。
和風クリーム煮といった感じで、体が温まる。（秋山）

大豆ミートの獅子頭
まわりの白菜がおいしい。
白菜はそぎ切りにし、切断面を大きくして
炒めることにより、よく味が入る。（西岡）

ポーチドエッグ、リ・ド・ヴォー、ルタバカ、雲仙こぶ高菜、葱、ケッパー
個性的な味わいのこぶ高菜は存在感がある。
ルタバカの土っぽい独特の香りが
全体をまとめてくれる。（岩坪）

レタス・チコリの仲間

春レタスや夏の高原レタスも多く出回るが、秋まきが収穫のときをむかえる11月ごろも、レタスのおいしい時季。チコリは輸入ものも多く通年出回るが、国内でも栽培され、冬が旬である。（※写真は本書中の料理に使用したレタス、チコリの一部）

レタス

地中海沿岸、西アジア原産のキク科の野菜。いくつかの種類に分けられるが、日本でレタスといえば一般的に結球した玉レタスを指す。その他ゆるく結球するサラダ菜、サニーレタスやフリルレタスなどの非結球のリーフレタス、葉が縦に長くなるロメインレタスなど「立ちチシャ」と呼ばれるものがある。また、葉をかきとって食べるところから「かきチシャ」とも呼ばれるサンチュや、茎を食べる茎レタス（チシャトウ）も、レタスの仲間である。レタスは産地を変えて通年出回るが、暑さに弱いため、基本的に涼しい時季がおいしい野菜といえる。

フリルレタス
[ハンサムグリーン]

フリルレタス
[ハンサムレッド]

オークリーフ

ロメインレタス

トレヴィス
トレヴィス（trévise）はフランス語。地中海沿岸原産のキク科の野菜、赤チコリ（イタリア語でラディッキオ・ロッソ〈radicchio rosso〉）の一種で丸く結球している。葉はやわらかく、苦みはそれほどない。日本に出回っている赤チコリ類は輸入ものが多いが、国内でも栽培されている。

チコリ（アンディーヴ）
フランス語名のアンディーヴ（endive）と呼ばれることもあるため、エンダイブと混同されることもある。流通しているのは、軟白栽培したもので、苦みもほどよく食べやすい。生でサラダなどに使う他、ソテーや蒸し煮、グラタンなどにも。

チコリ・ルシア
トレヴィス同様赤チコリの仲間である、カステルフランコの結球種。淡いクリーム色の葉のところどころに、赤紫色の模様が入る。

白菜と河豚白子の炭火焼き（秋山）

材料（1人分）
フグの白子　40〜50g
白菜　2枚
塩　少量
A
：かつおだし　200cc
：薄口醤油　30cc
：酒　20cc
：塩　ひとつまみ
水溶き吉野葛　適量
黄柚子皮　適量

1　白子に軽く塩をし、焼き台で焼く。
2　白菜は、やわらかい葉の部分と硬い部分に切り分ける。
3　鍋にAを入れて火にかけ、沸騰したら2の白菜の硬いほうを入れ、10秒したらやわらかい葉の部分を入れてさっと煮る。すぐに水溶き吉野葛を加えてとろみをつける。
4　器に3の白菜を盛り、1の白子を添え、すりおろした黄柚子の皮をふる。

大豆ミートの獅子頭

本来豚挽き肉で作る中華風肉団子
「獅子頭（シシガシラ）」だが、
ここでは大豆ミートを使用した。（西岡）

材料（5人分）
大豆ミート（＊）　250g
長ネギ　1本
生姜　1カケ
A
：日本酒　大さじ3
：ゴマ油　大さじ1
：卵　1個
：薄力粉　大さじ2
揚げ油　適量
白菜　1/2個
綿実油（サラダ油）　適量
B
：日本酒　360cc
：老抽王（中国醤油）　大さじ1
：塩　少量
水溶き片栗粉　適量

＊大豆ミート：大豆を原料とした加工食品。ベジタリアンなどが肉代わり使用する。

1　大豆ミートは水で戻し、水を何度か換えて洗い、臭みをとる。水気をよく絞っておく。
2　長ネギはみじん切りにし、生姜はすりおろす。
3　1と2、Aの日本酒、ゴマ油、卵を加えてよく混ぜた後、薄力粉を加えて混ぜ、5等分にして丸める。
4　160℃に熱した油に、3を入れて揚げる。
5　白菜はそぎ切りにする。
6　中華鍋に綿実油を熱し、5を入れて、焦げ目がつくくらいまで強火で炒める。Bを加えて4を入れ、白菜がクタクタになるまで煮込む。
7　水溶き片栗粉を加えて混ぜ、器に盛る。

ポーチドエッグ、リ・ド・ヴォー、ルタバカ、雲仙こぶ高菜、葱、ケッパー

卵をおいしく食べる料理として考えた。（岩坪）

材料（2人分）
卵　2個
リ・ド・ヴォー　50g
長ネギ　1本（作りやすい量）
A（ルタバカのピュレ）
　玉ネギ　50g
　ルタバカ（＊）　300g
　オリーブ油　適量
B
　ルタバカ（＊）　100g
　ケッパー（塩蔵）　適量
　ニンニクオイル（p.17参照）　適量
雲仙こぶ高菜　適量
ケッパー（塩蔵。半割りにし、フードドライヤーで乾燥させる）　適量
塩、白ワインヴィネガー、薄力粉、オリーブ油　各適量
マルサラ・ドルチェ　適量
マルサラ・セッコ　適量
スーゴ・ディ・ヴィッテロ　適量

＊ルタバカ：アブラナ科の野菜。スウェーデンが原産といわれ、スウェーデンカブとも呼ばれる。見た目もカブに似ているが、カブとは別種。

1　長ネギを粗みじん切りにする。オーブンシートに広げ、170℃のオーブンに入れる。焦げ色がついたら80℃に温度を下げ、乾燥焼きにする。冷ましてからミルでパウダーにし、ふるいにかける。
2　Aの玉ネギは薄切りにし、オリーブ油でスュエする。
3　ルタバカ300gを薄切りにして2に入れ、水を少量加えて煮る。ミキサーにかけてピュレにする。
4　Bのルタバカ100gを1cm角に切り、ニンニクオイルでスュエする。塩蔵ケッパー、適量の水を加えて煮る。ルタバカがやわらかくなったら、火にかけながら水分を飛ばす。
5　塩、白ワインヴィネガー入りの湯に割り出した卵を入れ、ポーチドエッグを作る。水気を切る。
6　リ・ド・ヴォーを下ゆでし、スジを除く。薄力粉をまぶし、オリーブ油でソテーする。マルサラ・セッコ、マルサラ・ドルチェ、スーゴ・ディ・ヴィッテロを加えて煮からめる。
7　雲仙こぶ高菜は縦半分に切った後、横に2cm幅に切る。オリーブ油でソテーする。
8　3のピュレを器に敷き、片側に5のポーチドエッグをのせ、反対側に6のリ・ド・ヴォー、4のルタバカ、7のこぶ高菜を盛り、乾燥させたケッパーと1のパウダーをふる。

[雲仙こぶ高菜]
長崎県雲仙市吾妻町で生産されているタカナ。成長するにつれ、葉茎部に突起ができるのが特徴。「ながさきの伝統野菜」にも認定されている。

シーザーサラダ

ロメインレタスをおいしく食べるなら、
シーザーサラダに勝るものはないと思う。
レタスは収穫の仕方によっても味が変わるというが、
苦みの少ないおいしいもので作りたい。（西岡）

冬の葉物のグリーンサラダ

寒くなってくるとおいしくなるレタス類を、
数種類合わせてサラダに。（西岡）

チコリとトレヴィスの温サラダ
苦みのある野菜に、マスタード風味の
ドレッシングがよく合う。(西岡)

くぬぎ鱒のインパデッラ
アンディーヴのブラサートとそのスーゴ、
秋トリュフ
くぬぎ鱒の甘くて繊細な味を活かすため、
少し苦みのあるアンディーヴを合わせ、黒トリュフ
より香りのやわらかい秋トリュフを添えた。(岩坪)

カルドンのフリット
アーティチョークに似た味わいの、
個性的な野菜。(西岡)

シーザーサラダ（西岡）

材料（2人分）
ロメインレタス　3枚
卵白　50g
白トリュフ塩　少量
オリーブ油　大さじ1
春巻きの皮　1枚
揚げ油　適量
マヨネーズ（＊）　大さじ2
ミモレット・チーズ（すりおろし）　大さじ1

1　ロメインレタスは水に放しておく。
2　卵白に白トリュフ塩を加えて混ぜ、オリーブ油を熱した中華鍋に入れて、そぼろ状になるまで炒めてとり出しておく。
3　春巻きの皮は160℃の油で揚げ、一口大に割っておく。
4　1のロメインレタスの水気を切り、一口大にちぎってボウルに入れる。2とマヨネーズを加えて混ぜてから、3を加えて軽く混ぜ、器に盛る。ミモレット・チーズをかける。

＊マヨネーズ

材料（作りやすい量）
全卵　1個
綿実油（サラダ油）　200cc
シェリーヴィネガー　15cc
鮎醤油（アユの魚醤）　10cc

すべての材料を、ハンドブレンダーで混ぜ合わせる。

冬の葉物のグリーンサラダ（西岡）

材料（2人分）
A（リーフレタス）
　オークリーフ　2枚
　フリルレタス緑（「ハンサムグリーン」）　2枚
　フリルレタス赤（「ハンサムレッド」）　2枚
香菜（葉）　10g
B
　E.V.オリーブ油　大さじ2
　シェリーヴィネガー　大さじ1
　塩　少量

1　Aは水に放しておく。
2　1の水気を切り、芯の部分を除いて、葉のみ一口大にちぎってボウルに入れる。香菜とBを加えて和え（食べる直前に和える）、器に盛る。

くぬぎ鱒のインパデッラ アンディーヴのブラサートとそのスーゴ、秋トリュフ

くぬぎ鱒（富士レインボー）は、静岡県の富士宮市のくぬぎ養鱒場で、薬をいっさい使わない方法で養殖されている虹鱒。身がとてもきれいで、身質もきめ細かい。（岩坪）

材料（2人分）
くぬぎ鱒（切り身）　40g×2枚
アンディーヴ　1個
昆布だし　適量
瀬戸内コラトゥーラ（魚醤）　適量
シャンタナ（キサンタンガム）　適量
秋トリュフ　適量
塩　適量
ニンニクオイル（＊）　適量

＊ニンニクオイル：ニンニクを半分に切り、オリーブ油とともにフライパンに入れて火にかけ、ニンニクがキツネ色になるまでゆっくり加熱してとった油。

1　アンディーヴを縦6等分のくし形に切る。ニンニクオイルでソテーし、昆布だしを注いで軽く煮る。瀬戸内コラトゥーラで味を調える。
2　くぬぎ鱒に塩をふり、テフロン加工のフライパンに皮面を下にして入れ、中火〜弱火で焼く。焼き上がったら裏返し、2秒でとり出す（焼き加減はレア）。
3　1のアンディーヴをとり出し、煮汁（スーゴ）をシャンタナでつなぐ。
4　3のアンディーヴとスーゴ、2のくぬぎ鱒を皿に盛り、秋トリュフを削りかける。

カルドン
キク科の植物で、アーティチョークの野生種。おもに葉茎を食用にする。

チコリとトレヴィスの温サラダ

チコリの苦みは少し加熱すると甘みに変わる。（西岡）

材料（2人分）
チコリ（ルシア）　2枚
トレヴィス　2枚
A
　塩　少量
　タスマニア粒マスタード　小さじ1
　オリーブ油　大さじ1
　アップルサイダーヴィネガー　小さじ1

1　チコリとトレヴィスは洗って水に放しておく。
2　1の水気を切ってボウルに入れ、Aを加えて火にかけ、生ぬるくなるまでかき混ぜる。

カルドンのフリット

アクが強く黒くなりやすいので、すぐにレモン水に浸けてから使用する。（西岡）

材料（2人分）
カルドン　2本
フリット生地
　薄力粉　100g
　ビール　140g
　グラニュー糖　1g
　ベーキングパウダー　1g
　インスタントドライイースト　1g
揚げ油　適量
山椒塩（塩5：花椒粉1＊で混ぜ合わせたもの）　適量
レモン（くし形切り）　1/6個分

＊花椒粉：粉末の中国山椒。

1　レモン水（分量外）を鍋に用意しておく。
2　カルドンは、スジをとりながら、すぐに1に入れていく。
3　2の鍋を火にかけ、30分煮る。
4　3の水気をとって3cm幅に切り、フリット生地をつけ、160℃に熱した油に入れて揚げる。
5　器に盛り、山椒塩とレモンを添える。

その他の葉物野菜

ホウレン草や小松菜などの緑の葉物は、栄養価が高まる冬に積極的に使いたい野菜。

**茨城産乳飲み仔鳩 サルミ仕立て
法蓮草のピュレと素焼き、干し柿**
ホウレン草は寒い時季のほうが甘みがありおいしい。鉄分や甘みを感じる野菜で、鳩とも調和し、まろやかにしてくれる。(岩坪)

ホウレン草のサラダ トリュフ風味
「ビオファームまつき」のホウレン草が届いたときにだけ作る。根も甘くておいしい。(永田)

小松菜と腐乳の炒め物
腐乳を日本酒で溶いた、
腐乳ソースを使って炒め物に。(西岡)

セロリと牛肉の炒め物
肉と野菜は、形状をそろえて切っておくのが
おいしく作るコツ。(西岡)

菊花と朝摘み野菜のおひたし
野菜だけ盛り合わせても、
魚などの料理に添えてもよい。(秋山)

茨城産乳飲み仔鳩 サルミ仕立て 法蓮草のピュレと素焼き、干し柿

干し柿は、肉類と相性のいいドライフルーツの感覚で合わせた。(岩坪)

材料(2人分)
茨城産乳飲み仔鳩　1羽
オリーブ油　適量
赤ワイン　適量
スーゴ・ディ・ピッチョーネ　適量
マルサラ(ドルチェ、セッコ)　各適量
豚血　適量
無塩バター　適量
A(ホウレン草のピュレ)
⋮ホウレン草　300g
⋮オリーブ油、E.V.オリーブ油　各適量
ホウレン草　4本
塩　適量
干し柿　適量

1. 仔鳩をさばく。胸は中抜き(手羽元は残し、手羽先は切り落とす)にし、ももは爪を切り落とす。レバー、ハツ、砂肝は掃除する。
2. ソースを作る。1の鳩のレバーをオリーブ油でソテーする。赤ワインを加えて20分ほど煮る。レバーがやわらかくなったら、スーゴ・ディ・ピッチョーネを加えて煮詰める。ミキサーでよく回し、シノワで裏漉す。
3. 別鍋で、マルサラを沸かす。アルコールが飛んだら2を加え、豚血と無塩バターを加えてとろみをつける。
4. ホウレン草のピュレ:Aのホウレン草をオリーブ油でソテーし、ミキサーにかけてE.V.オリーブ油を加える。
5. ホウレン草4本はさっと塩ゆでし、オーブンシートに並べ、スチームコンベクションオーブンのコンビモード210℃で5分焼く。
6. 1の胸肉ともも肉に塩をして、ローストする。やすませた後、骨をはずす(胸の手羽、もものスネの骨は残す)。ハツと砂肝はオリーブ油でソテーする。
7. 3のソース、4のピュレ、5のホウレン草、6を器に盛り、細切りにした干し柿を散らす。

ホウレン草のサラダ トリュフ風味

鶏肉のソテーなどの付け合わせにしてもよい。(永田)

材料(1人分)
ホウレン草(ビオファームまつき)　1把(作りやすい量)
半熟卵(70℃の湯で10分ゆでたもの)　1個
黒トリュフ　適量
塩　適量
エシャロット(みじん切り)　適量
ドレッシング(p.107参照)　適量
焦がしバター(ブール・ノワゼット)　適量
揚げ油　適量

1. ホウレン草は洗い、シリコンスチーマーに入れて、700Wの電子レンジに2〜3分かけ、塩、エシャロット、ドレッシングで和える。下の茎と根の部分と、葉の部分に切り分ける。茎と根の部分は油で揚げる。
2. 皿に半熟卵を割り出し、1のホウレン草の葉を適量のせ、揚げた茎と根の部分を添える。トリュフを細かく削りかけ、焦がしバターをかける。

ホウレン草
ヒユ科の野菜。西洋種と東洋種があり、日本で流通しているのは両者の交配種が主流。通年出回るが、栄養価が高まり、甘みが増しておいしくなるのは冬である。

小松菜と腐乳の炒め物（西岡）

材料（1人分）
小松菜　60g
鶏スープ（p.34参照）　大さじ2
腐乳ソース（p.122参照）　大さじ2
綿実油（サラダ油）　大さじ1
ゴマ油　大さじ1/2

1　小松菜は4cm幅に切り、水に放しておく。
2　中華鍋に綿実油を熱し、水気を切った1の小松菜を入れて炒める。油がまわったら鶏スープと腐乳ソースを加える。
3　小松菜に火が通ったら、火を止めて、ゴマ油をまわし入れる。

小松菜
アブラナ科の野菜。中国原産で、江戸時代初期に、現在の東京都江戸川区小松川付近で栽培されはじめたとされる。ハウス栽培も盛んで通年出回るが、旬は冬である。

セロリと牛肉の炒め物（西岡）

材料（1人分）
セロリ（茎を棒状に切る）　60g
牛肉（イチボ）　50g
A
　日本酒　大さじ1
　片栗粉　小さじ1
　塩　少量
綿実油（サラダ油）　適量
日本酒　大さじ3
塩　適量
ゴマ油　少量

1　セロリはスジをピーラーでむき、5mm幅、4cm長さに切る。
2　牛肉はセロリの形状にそろえて切り、Aを加えて和えておく。
3　中華鍋に多めの綿実油を入れて低温に熱し、2の牛肉を入れ、まわりがコーティングされたら、油をあけて肉をとり出す。
4　3の鍋に綿実油を少量足し、1のセロリを入れて炒める。しんなりしたら日本酒、塩を加え、3の牛肉を戻し入れる。
5　水分が飛んでとろみがついたら、火を止めて、ゴマ油をまわし入れる。

菊花と朝摘み野菜のおひたし（秋山）

材料（作りやすい量）
食用菊　1パック
もって菊　1パック
水菜、シントリ菜、ミツバ　各1束
シイタケ　6個
油揚げ　2枚
マイタケ　1パック
マイクロトマト、むかご　各適量
A（漬け地）
　かつおだし　400cc
　薄口醤油　20cc
　酒　10cc
　塩　ひとつまみ
　※混ぜ合わせる。
加減酢（p.142参照）　適量
揚げ油、塩、酢　各適量
うまだし
　かつおだし　200cc
　濃口醤油　100cc
　みりん　100cc
　酒　100cc
　※合わせて火にかけ、冷ます。

1　水菜、シントリ菜、ミツバは食べやすい長さに切り、ゆでて水気を切り、Aの漬け地に浸ける。
2　シイタケ、油揚げは網にのせて焼き、シイタケは薄切りに。油揚げはせん切りにする。
3　むかご、マイタケは素揚げし、軽く塩をふる。
4　1の汁気を絞って2と混ぜ合わせる。
5　2種の菊の花びらを切りとり、それぞれ酢水でゆでて水気を絞り、加減酢に浸ける。
6　器に4を盛り、うまだしを適量かけ、3のマイタケ、むかご、マイクロトマトを散らす。5の2色の菊花を丸めて盛る。

※　写真は鰻の蒲焼きとともに盛ったもの。塩焼きした魚とともに盛ってもよい。

壬生菜と豚肉の乳酸発酵鍋

白菜の漬け物を鍋の汁に使用した。
ほどよい酸味と塩味が加わり、豚肉と相性がよい。
壬生菜(みぶ)はしっかりとした味があり、煮浸しや鍋むきの野菜。(西岡)

材料(1人分)
豚バラ肉(スライス)　50g
壬生菜　50g
A
  ⋮鶏スープ(p.34参照)　300cc
  ⋮乳酸発酵アパレイユ(＊)　大さじ4
  ⋮コラトゥーラ(イタリアの魚醤)　適量

1　豚バラ肉は4cm幅に切る。壬生菜も4cm幅に切る。
2　Aを鍋に合わせて沸かし、1を入れる。沸いたらでき上がり。

＊乳酸発酵アパレイユ

材料(作りやすい量)
白菜　1個
昆布　少量
タカノツメ　1本
塩　白菜の重量の10%

1　白菜を縦4つ割りに切り、その他の材料を加えて1ヵ月ほど漬けておく。
2　1を白菜と汁に分ける。
3　2の白菜のほうをフードプロセッサーにかける。

壬生菜(みぶな)

アブラナ科の一年草。京都府原産のミズナの一種。名前は京都市内の壬生地区で栽培されていたところから。「京の伝統野菜」のひとつにも認定されている。

葉ニンニクの回鍋肉

葉ニンニクはニラに近い風味をもつ。本場の回鍋肉(ホイコーロー)は、本来これを使って作る。(西岡)

材料(1人分)
葉ニンニク　40g
豚バラ肉(スライス)　30g
キクラゲ(水で戻したもの)　10g
生姜のピクルス(＊)　15g
綿実油(サラダ油)　適量
日本酒　大さじ2
コラトゥーラ(イタリアの魚醤)　少量
ゴマ油　小さじ1

1　葉ニンニクは4cm長さに切る。
2　豚バラ肉は3cm長さに切る。
3　熱したフライパンに綿実油をひき、薄切りにした生姜のピクルス、2の豚肉を入れて炒める。1の葉ニンニクとキクラゲを加えて炒め合わせ、日本酒をまわし入れ、コラトゥーラを加える。
4　全体に火が入ってなじんだら火を止め、ゴマ油をまわし入れる。

＊生姜のピクルス

材料(作りやすい量)
生姜(皮をむいたもの)　500g
A
　水　1ℓ
　紹興酒　100cc
　花椒(中国山椒)ホワチャオ　小さじ2
　八角　3個
　陳皮　5g

Aを合わせて沸かしたものに、生姜を漬けて2～3日おく。

葉ニンニク
ニンニクの成長途中で収穫した若い葉。茎葉を食べるのに適した品種が使われる。通常の鱗茎のニンニクより風味は穏やか。

黄にらと豆腐チーズの炒め物

黄ニラは、あまり水分を加えない調理にむいている。炒め物がいちばん。
豆腐などの大豆製品との相性もとてもよい。動物性タンパク質を合わせる場合も、
鶏胸肉など香りの淡いものが合うだろう。(西岡)

材料(2人分)
黄ニラ 1束
豆腐チーズ(豆乳を発酵させた大豆製品) 50g
米粉 少量
揚げ油 適量
綿実油(サラダ油) 大さじ1
鶏スープ(p.34参照) 大さじ4
塩 少量
水溶き片栗粉 少量
ゴマ油 大さじ1/2

1 黄ニラは4cm長さに切る。
2 豆腐チーズは一口大に切る。
3 豆腐チーズに米粉をつけ、160℃に熱した油に入れて揚げる。
4 油をあけた3の中華鍋に綿実油をひき、黄ニラを入れて炒め、鶏スープと塩を加える。水溶き片栗粉を加え、3の豆腐チーズを入れてからめる。
5 火を止めて、ゴマ油をまわし入れる。

黄ニラ
普通のニラを、芽が出る前に覆いをかぶせて遮光して栽培し、軟白化したもの。ニラ特有の臭みがなく、甘みがあってやわらかい。

金柑と鴨肉 葉わさびと花わさび

キンカンの酸味と甘み、わさびの辛みはどちらも鴨肉と相性がよい。これを両方鴨に合わせた。(秋山)

材料(4人分)
鴨胸肉　1枚
A(割合)
　酒　3
　みりん　2
　濃口醤油　1
キンカン　500g(作りやすい量)
B
　水　100g
　白ワインヴィネガー　100cc
　砂糖　300g
花わさび、葉わさび　各適量
和風たれ(p.231参照)　適量

1. 鴨肉の皮目に細かく包丁目を入れて、熱したフライパンに皮目から入れて両面に焼き色をつける。
2. Aの割合で合わせた調味料とともに1を真空用袋に入れて真空にし、62〜65℃の湯煎で22分火を入れる。
3. キンカンはヘタをとり、横半分に切る。種を残さずとり除く。
4. 3をBとともに鍋に入れて火にかけ、ひと煮立ちしたら火を止め、そのまま冷ます。
5. 花わさびの先端の部分と葉わさびは、さっとゆでる。
6. 食べやすい大きさに切った2の鴨肉を、4のキンカン、5の葉わさび、花わさびとともに器に盛る。鴨肉の上から和風たれをかける。

花わさび
わさびの花が蕾の状態のときに、花茎を収穫したもの。わさびらしい苦みもある。2月〜3月が旬。

葉わさび
わさびの葉。旬は春だが、12月ごろから出回りはじめる。

ネギ

関東で主流の白ネギ（根深ネギ、長ネギ）は、成長とともに土を盛り上げ、陽にあてないようにして白い部分を長くしたもの。多くは千住ネギ系の品種で、関東でネギといえばほとんどこれを指す。関西では、陽にあてて育てる葉ネギ（青ネギ）が主流である。（※写真は本書中の料理に使用したネギの一部）

［九条ネギ］
葉ネギ（青ネギ）の一種。京都で長く生産されている。浅黄種（細ネギ）と黒種（太ネギ）の2種がある。

［下仁田ネギ］
群馬県下仁田町の特産品。加熱すると甘みが増しやわらかくなる、加熱調理むきのネギ。

［なべちゃん葱］
下仁田ネギと根深一本ネギの交配種。やわらかく、鍋や焼きネギに最適。

ポワロー
ポワロー（poireau）はフランス語。ポロネギ、リーキとも呼ばれる。日本のネギと同様ネギ属に属するが、白い部分が太く、緑色の葉の部分は硬く、平らでV字形につく。日本で流通しているのはほとんどがベルギーなどからの輸入ものだが、国内でもわずかに生産されている。

車麩と葱のすき焼き風

「なべちゃん葱」は、その名のとおり鍋用に作られた品種。
中のやわらかい部分が多く、火を入れるととろとろになっておいしい。(西岡)

材料（4人分）
長ネギ（茅ヶ崎産「なべちゃん葱」）　3本
車麩　2個
揚げ油　適量
白キクラゲ（湯で戻し、石づきを切り落としたもの）　50g
かつおだし　270cc
かえし（＊）　大さじ3

＊かえし（作りやすい量）：鶏手羽先2kg、濃口醤油1.8ℓ、日本酒1.8ℓ、砂糖600gを鍋に合わせ、半分量になるまで2日かけて煮詰める。

1　長ネギは外側の皮をむき、6cm長さに切る。フライパンで焼いて、焼き目をつける。
2　車麩は湯に浸けて戻し、水気を切り、160℃の油に入れて素揚げする。
3　鍋にかつおだしとかえしを合わせて沸かし、1のネギ、2の車麩、白キクラゲを並べて入れる。ひと煮立ちしたらでき上がり。

下仁田葱、シャインマスカット、ピオトジーニの生ハム

シャインマスカットのやさしい青い香りが、ネギの風味と結びつくと考えた。
ネギは香ばしく焼いたほうがメリハリがつき、味のコントラストも
生まれるので、グリルして焦げ目をつけている。(岩坪)

材料(8人分)
下仁田ネギ　1本
ブドウ(シャインマスカット)　2粒
生ハム(ピオトジーニ社製。スライス)　4枚
アルブミナ(SOSA社製)　適量
E.V.オリーブ油　適量
塩、重曹　各適量

1　下仁田ネギの白い部分から、輪切りを8枚とる。グリルパンでグリルした後、E.V.オリーブ油でマリネする。
2　下仁田ネギの青い部分は、重曹と塩を加えた湯でゆでた後、ミキサーに入れ、同量の水を加えて回し、シノワで漉す。
3　2を計量し、10%のアルブミナを加え、キッチンエイドで泡立てる。
4　スライスした生ハムは、半分に切る。
5　シャインマスカットは薄切りにする。
6　1のネギを4の生ハムで包んで5を重ね、松葉串で挟む。皿に盛り、脇に3を添える。

下仁田葱のステーキ 鶏のたれで

下仁田ネギは甘みや旨みが強く、加熱によってもち味が活きる。
水分が多く日持ちはしないので、早めに使う。(西岡)

材料(2人分)
下仁田ネギ(「雷帝下仁田」) 2本
米粉　適量
太白ゴマ油　大さじ2
かえし(p.269参照)　大さじ1

1　下仁田ネギは外側の皮を1枚むき、ハケで薄く米粉をつける。
2　フライパンに太白ゴマ油をひき、1を入れ、クタクタになるまで焼く。
3　2のネギをいったんフライパンからとり出し、フライパンにかえしを入れ、ネギを戻して煮からめる。

一本ネギとしめさばのタルトレット
太めで甘みの強い一本ネギに、ビスキュイの歯応えや、
酢締めにしてから焼いたサバの香ばしさ、
ハーブの爽やかさを合わせた。（永田）

鮪赤身と分葱のぬた和え
ネギをぬたにするときは、中のとろみ部分を除き、
シャキシャキ感を出すとバランスがよい。（秋山）

九条ネギの一口アミューズ
九条ネギを白板昆布で巻いて、生ハムの塩味を加え、
一口サイズのアミューズに。(武田)

**九条ネギをシンプルに
鮎チョビ、トリュフ、アーモンドの香り**
ポワローのテリーヌをヒントに、
九条ネギでアレンジ。(武田)

一本ネギとしめさばのタルトレット

揚げるとおいしい根も添えて。(永田)

材料(2人分)
長ネギ(一本ネギ)　2本
マスタード、塩　各適量
エシャロット(みじん切り)　適量
ドレッシング(p.107参照)　適量
サバ(三枚におろした身)　1/2枚
酢　適量
ビスキュイ(作りやすい量)
　A
　　小麦粉(薄力粉)　200g
　　アーモンドパウダー　200g
　　トレハロース　30g
　　岩塩　8g
　卵　2個
　無塩バター　200g
ネギのオイル
　長ネギ(青い部分)　適量
　ケール　少量
　オリーブ油　適量
水菜　適量
生黒コショウ(塩水漬け)　適量
生ハム　適量
パンプルネル、オキサリス　各適量
生クリーム　適量
長ネギの根(素揚げしたもの)　2本分

1　ビスキュイ：Aをボウルで混ぜ合わせる。卵を加えて混ぜ合わせ、更にポマード状にしたバターを加えて混ぜ合わせて生地を作り、ねかせておく。
2　1を薄いシート状にのばし、8cm角に切る。180℃のオーブンで15分焼く。
3　長ネギは白い部分と青い葉の部分に切り分ける。白い部分を鍋に入れ、ひたひた(ネギの高さの1/3が浸るくらい)の水を加え、蓋をして、ネギがやわらかくなるまで加熱し、冷ましておく。冷めたら、繊維に沿ってせん切りにする。マスタード、塩、エシャロット、ドレッシングで和えて味を調える。
4　サバ(おろした身)は全体に塩をして、冷蔵庫に3時間ほどおいた後、酢で洗って締める。皮目をバーナーであぶり、食べやすい大きさに切る。
5　ネギのオイル：長ネギの青い部分と少量のケールを合わせて下ゆでし(ネギだけだと青みが弱いため)、オリーブ油とともにパコジェットに入れて回し、裏漉す。
6　皿に2のビスキュイを敷いて、3のネギと小口から切った水菜をのせ、4のサバを盛り、生黒コショウ、生ハム、パンプルネル、オキサリスをのせる。生クリームと5のネギのオイルを流す。素揚げしたネギの根を添える。

鮪赤身と分葱のぬた和え (秋山)

材料(4人分)
ワケギ　1束
マグロ(赤身)　200g
A
　西京味噌　大さじ3
　レモン果汁　大さじ1
　溶きガラシ　小さじ1
塩　適量

1　ワケギは根元と先端を切り落とす。
2　たっぷりの湯に塩を加え、1を入れてゆでて、おか上げして冷ます(水には落とさない)。冷めたらラップフィルムに包んで、上に麺棒を転がしてしごき、ネギの中のぬめりをとる。3〜4cm幅に切る。
3　Aを混ぜ合わせる。
4　マグロを食べやすい大きさに切り、2のワケギと3を加えて和える。

九条ネギの一口アミューズ（武田）

材料（作りやすい量）
九条ネギ　10本
白板昆布　1枚
生ハムのチップ（＊）　スライス1枚分
ブイヨン・ド・レギューム　適量
燻製ヨーグルト（プレーンヨーグルトにオリーブ油と
　塩を少量加え、軽い燻製にしたもの）　少量
ペコロスのピクルス（ビーツと一緒に漬けたもの）
　少量
乾燥玉ネギ（玉ネギを食品乾燥機で乾燥させたもの）
　少量
黒コショウ（ミニョネット）　少量
オキサリス　少量

＊生ハムのチップ：スライスして使いやすい幅に切った生ハムを、サラマンダーの遠火で加熱し、脂を出しながら乾燥させる。

1　九条ネギをクタクタにゆでた後、ブイヨン・ド・レギュームに一晩浸けておく。
2　1の水分をよく切り、10本ほどをまとめてラップフィルムで巻き、きれいな筒状に整えて、少しおく。
3　2のラップフィルムをはずして一口大の幅に切り、白板昆布で巻く。
4　3をスプーンにのせ、生ハムのチップをのせ、燻製ヨーグルト、ペコロスのピクルス、みじん切りにした乾燥玉ネギ、つぶした黒コショウ、オキサリスを添える。

九条ネギをシンプルに
鮎チョビ、トリュフ、アーモンドの香り

シンプルに仕立て、ネギのおいしさを
ストレートに味わえるようにした。（武田）

材料（1人分）
九条ネギ　3本
鮎チョビ（市販。アユで作るアンチョビ風加工品）　3枚
ヴィネグレット・ド・トリュフ（＊）　少量
アーモンドピュレ（＊＊）　少量
マッシュルーム（細切り）　1/2個分
ネギのパウダー（＊＊＊）　少量
ネギの花　少量
九条ネギの根（素揚げしたもの）　1本分

＊ヴィネグレット・ド・トリュフ（作りやすい量）：オリーブ油100cc、シェリーヴィネガー200ccを合わせてひと沸かしした後、マスタード、塩、コショウを加えてヴィネグレットソースを作り、みじん切りのトリュフを加える。

＊＊アーモンドピュレ：アーモンドに水を加えて煮る。やわらかくなったら生クリームと無塩バターを加えて少し煮る。ミキサーにかけてピュレにし、塩、砂糖などで味を調える。香りが足りなければ、アーモンドオイルを足す。

＊＊＊ネギのパウダー：九条ネギの青い部分をさっとゆで、食品乾燥機で乾燥させ、ミルでパウダーにする。

1　九条ネギは、食感が残る程度にゆでる。
2　1の水気をとり、ヴィネグレット・ド・トリュフをよくからめておく。
3　皿の上に、ネギのパウダーで円を描き、2のネギを15cm長さほどに切って、そろえて盛り、上に鮎チョビ、アーモンドピュレ、マッシュルーム、ネギの花をバランスよく散らす。素揚げした九条ネギの根を添える。

ハチノスとポワローの煮込み

ポワローは煮込みむきのネギ。ニンニクのような味も感じられ、強い香りをつけずにニンニクの要素を加えたいときにも使える。(西岡)

材料(1人分)
ハチノス 2kg(作りやすい量)
※100gを使用する。
A
: 紹興酒 180cc
: 長ネギ(青い部分) 2本
: 生姜の皮 2カケ分
: 花椒(中国山椒) 適量 ホワチャオ
ポワロー 1本
綿実油(サラダ油) 大さじ1
B
: 白ワイン 30cc
: 鶏スープ(p.34参照) 400cc
: 塩 適量

1 ハチノスはボウルに入れ、Aと水をひたひたに加え、蒸し器に入れて4時間ほど蒸す。
2 ポワローは5cm長さに切る。土を落とし、外側の皮を1枚むく。
3 フライパンに綿実油をひいて2を入れ、表面に焼き目をつける。
4 1のハチノス100gを3等分に切って鍋に入れ、Bを加え、3のポワローも入れて30分ほど煮込む。

野菜別料理索引
(五十音順)

アサツキ(山菜)　65
アスパラガス(グリーン)
　　16、18、19、20、21、208
アスパラガス(ホワイト)
　　10、12、13、14、15、25
アスパラナ　43
アスペルジュ・ソバージュ　36
アボカド　80
アマトウガラシ　93、97
アマドコロ　65
アミタケ　182
アレッタ　45
アンディーヴ　257
イタドリ　65
イチゴ　14、69、196
イチジク　145
ウイキョウ　117
ウド　12、62
ウルイ　59
エシャロット　189
エダマメ　128、129、188
エビイモ　173
オカヒジキ　53
オクラ　92、120、121、138
カキ　197
カタクリ　49、65
カブ　201、202、203、204、205、206、236、243
カボチャ　112、164、165、168
カリフラワー　242、243
カルドン　257
カンピョウ　109
キウイ　196、228
キクラゲ(白・茶)　88、129、132、176、265、269
ギシギシ　65
黄ニラ　266
キャベツ　20、36、37、246、247、248、249
キュウリ　88、100、101、102、103、104、108

ギョウジャニンニク　61
キンシウリ　108
キンカン　267
ギンナン　173、188、220
クウシンサイ　136
クリ　173、197
グリーンピース　28、29、37
クレソン　47、60、105、129
黒キャベツ　248、249
ケール　249
コウタケ　182
ゴーヤ(ニガウリ)　149
コガネタケ　182
コゴミ　33、59
コシアブラ　64
コブタカナ　252
ゴボウ　209、225、228、
コマツナ　261
サツマイモ　160、161、184
サトイモ　172
山菜　60
シイタケ　184、185、261
ジャガイモ　28、68、155、156、157、158、159、193
シャンツァイ(パクチー)　139
ジュンサイ　10、76、125、142、143、144
白インゲン豆　89、249
白ウリ　108
白ピーマン　96
シントリナ　261
スイカ　149
ズッキーニ　93、105、108
スナップエンドウ　29、32、76
セリ　53、63、65、68
セロリ　249、261
ゼンマイ　59
ソラマメ　25、28、29、32、36
大黒シメジ　16
ダイコン　103、208、209、212、213、216、236
ダイズ　129

タケノコ　23、24、25、58、113
タマネギ(ペコロス含む)　28、33、37、63、69、80、93、121、156、189、193、249
タラノメ　58、63、65、68
チーマ・ディ・ラーパ　236
チコリ　257
チシャトウ　116
ツクシ　236
ツルムラサキ　137
テネルーミ　108、109
トウモロコシ　104、124、125
トマト　10、20、73、76、77、80、88、105、144、159、249
トリュフ　33、124、159、189、192、193、209、257
トレヴィス　257
ナス　84、85、88、89、92、93、168、169、176
ナノハナ(ナバナ)　42、48、68
ナメコ　182
ニンジン　229、232、233、236、249
ネギ(九条ネギ、下仁田ネギ、ワケギ含む)　47、216、217、225、252、269、270、271、272、273
根セロリ　193、236
ノビル　63
ノラボウナ　44
ハクサイ　217、252
ハタケシメジ　182
ハッサク　173
パッションフルーツ　143
花ザンショウ　53
バナナ　196
花ワサビ　64、267
葉ニンニク　141、265
パプリカ　93
ハマボウフウ　52
葉ワサビ　64、267

ビーツ　62、77、176、178、179
ビエトラ　249
ピサンリ(タンポポ)　48
フィノッキエット　49
フキノトウ　65、68、69
プチベール　236、248
ブドウ　92、142、169、188、270
ブナハリタケ　182
ブルーベリー　148
ブロッコリー(茎ブロッコリー含む)　16、237、240、241
ヘチマ　108
ホウレンソウ　260
ポルチーニ　133、159
ボルロッティ　109、209
ポロネギ(ポワロー、リーキ)　161、249、276
ホンナ　24、65
マイタケ　182、261
マッシュルーム　189
マツタケ　188
ミズナ　197、205、261、272
ミツバ　261
ミブナ　264
ミョウガ　121、132
ムカゴ　236、261
紫カラシナ　197
メキャベツ　23
メロン　89
モモ　152
モリーユ茸　33
モロヘイヤ　138
ヤチアザミ　24、65
ヤマノイモ　16、220、221
ユリ根　217
ヨメナ　173
ラズベリー　148
リンゴ　128、197、220
ルコラ　46
ルタバカ　252
レタス　256
レンコン　132、197、224
ワラビ　59

シェフ紹介

秋山 能久（あきやま よしひさ）
1974年茨城県生まれ。高校卒業後に上京し、東京・学芸大学の「割烹すずき」に入店し10年間修業を積む。その後、精進料理店「月心居」にて料理人としての在り方を学び、2005年に「六雁」に入店。2008年より同店の料理長に就任。日本料理の伝統を大切にしながらも、枠にとらわれない、洒脱な割烹料理を目指す。すべて野菜のみの創作料理のコースをもうけるなど、野菜には特に力を入れる。季節の野菜を組み合わせた「季節の煮こごり」は代表作。10種ほどの野菜を使ったテリーヌ仕立ての美しい煮こごりで、一口ごとに異なる野菜の味、香り、食感が楽しめる。

六雁（むつかり）
東京都中央区銀座5 - 5 - 19
銀座ポニーグループビル6F・7F
TEL 03 - 5568 - 6266

永田 敬一郎（ながた けいいちろう）
1973年熊本県生まれ。1990年東京・高輪の高輪プリンスホテル入社。1993年東京・青山「ラ・ブランシュ」入店。1996年東京・神泉「エヴリーヌ」入店。1998年渡仏。「ステラ・マリス」、「ル・ボリー」、「ラ・メゾン・ド・ジョーヌ」、「ジャック・デコレ」などで研鑽を積み、帰国後「レストランオオイシ」シェフを経て、2002年東京・東麻布に「La Lune（ラ・リューン）」開店。自分らしい料理を目指し、素材と向き合う。特に野菜使いには定評があり、皿に占める野菜の割合も多い。それだけに野菜選びには妥協せず、本当においしいものだけを選んで使用する。それぞれの野菜のもつ力をどう引き出すかを常に考えながら、新しい可能性を探る。野菜はおもに、静岡県富士宮市の「ビオファームまつき」と、茨城県の「パチャママ農園」のものを使用している。

La Lune（ラ・リューン）
東京都港区東麻布2 - 26 - 16 1F
TEL 03 - 3589 - 2005

武田 健志（たけだ けんじ）

1995年オテル・ドゥ・ミクニ入社を皮切りに料理人の道を志し、25歳で渡仏。約2年間フランスで「トロワグロ」「ジャルダンテ・サンス」で修業を重ね、その後、株式会社ひらまつ、「サンス・エ・サブール」で実績を残す。フランス料理で積み重ねた経験とセンスを、自身がフランスで感じた"自由"なスタイルで新たに提案するフレンチレストラン「Liberté a table de TAKEDA（リベルテ・ア・ターブル・ド・タケダ）」を2012年4月にオープン。素材の組み合わせや味の構築、繊細な盛り付けなど、TAKEDAスタイルの料理は高く評価され、人気店となる。2017年12月、次のステージを目指すべく同店を閉店。現在、次店の準備中である。

岩坪 滋（いわつぼ ゆたか）

1978年生まれ。辻調グループのエコール辻東京を卒業後、「アクアパッツァ」の日髙良実氏に師事。1998年～2003年まで在籍。素材を生かしたイタリア料理を学ぶ。2003年～2006年までイタリア本国で修業。「リストランテ フリポー（ピエモンテ州）」、「トッレ デル サラチーノ（カンパーニャ州）」、「ラ ペーカ（ヴェネト州）」など、北から南、シチリア・サルデーニャの島々まで、イタリア全土にて研鑽を積む。帰国後、南青山「クッチーナ カッパス」料理長に就任。中目黒「リストランテ カシーナ・カナミッラ」料理長を経て、2012年10月、代々木上原「イル・プレージョ」オーナーシェフとなる。しっかりとした知識と技術に裏打ちされた料理は、まちがいなくイタリア料理でありながら、新しさを感じさせる。素材探しには余念がなく、生産者とのつながりを大切にしている。毎年白神山地から届けられる天然キノコや山菜は、メニューに欠かせない素材となっている。

il Pregio（イル・プレージョ）
東京都渋谷区上原1-17-7
フレニティハウス2F
TEL 03-6407-1271

西岡 英俊（にしおか ひでとし）

1972年生まれ、東京都出身。高校卒業後、和菓子店での1年の勤務を経て、調理学校へ。上海料理の名店「シェフス」にて故・王恵仁氏に師事し、10年間勤務した後、イタリア料理店、スペイン料理店などで働き、2009年8月に「Chinese Tapas Renge（チャイニーズ・タパス・レンゲ）」をオープン。2015年に銀座に移転し、店名を「Renge equriosity（レンゲ・エキュリオシティ）」に変更。エキュリオシティとは、方程式、好奇心、探究という3つの英単語から自ら考案した造語。中国料理の枠にとらわれず、より自由に自身の料理を表現したいという思いが込められている。農家から直接届けられる野菜の一部はおまかせで、箱を開けてから作る料理が決まることも。おいしい野菜は手をかけすぎないほうがもち味が活きるとし、シンプルな料理を心がける。

Renge equriosity
（レンゲ・エキュリオシティ）
東京都中央区銀座7-4-5
GINZA745ビル9F
TEL 03-6228-5551